D. FONTAINE

LES

CHEMINS LOMBARDS

PARIS

E. DENTU, ÉDITEUR

LIBRAIRE DE LA SOCIÉTÉ DES GENS DE LETTRES

PALAIS-ROYAL, 15 ET 17, GALERIE D'ORLÉANS

—

1862

LES

CHEMINS LOMBARDS

PARIS. — IMP. SIMON RAÇON ET COMP., RUE D'ERFURTH, 1.

D. FONTAINE

LES

CHEMINS LOMBARDS

PARIS

E. DENTU, ÉDITEUR

LIBRAIRE DE LA SOCIÉTÉ DES GENS DE LETTRES

PALAIS-ROYAL, 15 ET 17, GALERIE D'ORLÉANS

1862

LES

CHEMINS LOMBARDS

I

Un débat auquel ont pris une part plus ou moins directe les principaux organes de la presse financière s'est établi dans ces derniers temps au sujet d'une question qui intéresse deux grandes compagnies de chemins de fer, la Compagnie lombarde et la Compagnie autrichienne.

Nous avons été amené, par un intérêt de justice et de vérité, à intervenir dans cette discussion. Comme elle touche aux principes mêmes d'une bonne et loyale administration, il nous a semblé qu'il était de notre devoir d'examiner complétement la question que d'autres avaient imprudemment posée, et d'affirmer hautement ce que nous considérons comme les véritables et saines doctrines.

L'importance des principes, la gravité d'une question où sont en jeu la fortune et l'avenir d'un grand nombre de familles, l'attention du public et plus particulièrement des hommes compétents tournée

1

vers cette question importante, tout nous porte à réunir ici les divers articles que nous avons publiés sur ce sujet, en les accompagnant de ceux de nos confrères. Le lecteur aura ainsi sous les yeux tous les éléments d'un débat qui aura servi à éclaircir des points d'ordinaire peu accessibles au public.

Nous suivrons dans notre publication l'ordre chronologique des différents articles publiés par les journaux qui ont pris part au débat. Ce mode nous paraît présenter l'avantage de conserver leur physionomie vraie aux phases successives qu'a parcourues la discussion.

Le 12 mai dernier avait eu lieu, à Paris, pour la première fois, l'assemblée générale des actionnaires de la Compagnie des chemins sud-autrichiens et lombards. Dans son numéro du 17 du même mois, la *Semaine financière* rendait compte de l'assemblée en ces termes :

LES CHEMINS DU SUD DE L'AUTRICHE

L'ASSEMBLÉE GÉNÉRALE.

« Le 12 mai s'est réunie, pour la première fois à Paris, l'assemblée générale des actionnaires de la Compagnie des chemins sud-autrichiens et lombards. L'assemblée était présidée par M. le baron James de Rothschild. Quand a été lue, pour la constitution du bureau, la liste des plus forts actionnaires présents, l'assemblée a pu apprendre que MM. de Rothschild étaient porteurs de plus de 120,000 actions et avaient conservé, par conséquent, un intérêt immense à la prospérité et aux progrès de cette magnifique entreprise.

« Nous publions aujourd'hui le rapport qui a été lu aux actionnaires. Nous ne reproduirons pas ici les traits principaux de ce document, qu'on aimera mieux lire dans son ensemble. Le chiffre du dividende soumis à l'approbation de l'assemblée était connu d'avance. Le revenu de l'exercice a été, comme on sait, de plus de 10 pour 100 du capital engagé. Le dividende eût pu être plus élevé; on aurait pu le fixer à 45 fr. 55 c. Mais le conseil d'administration a préféré augmenter de 2 millions et demi la réserve prise sur les dividendes depuis 1860.

« La Compagnie, au moyen de ces prélèvements, inspirés par une prudence qu'on ne saurait trop louer, se présente dans une situation exceptionnelle de force et de sécurité. Ses diverses réserves ne s'élèvent pas à une somme moindre de 22 millions. C'est, comme on voit, un profit réservé qui correspond à 30 francs par action. Si l'amélioration qui déjà se produit sur les changes autrichiens continuait, si le florin arrivait au pair, la plus grande partie de cette réserve reviendrait aux actionnaires. Outre ce résultat remarquable, le rapport constate et la progression constante du rendement des lignes exploitées et les économies considérables obtenues sur les frais d'exploitation.

« Les lecteurs seront frappés de la forme digne et sobre de cet intéressant rapport. Tout ce que les actionnaires ont besoin de connaître pour se rendre compte de l'état de leurs affaires et de la façon dont leurs intérêts sont conduits, s'y trouve condensé avec une rigoureuse et lumineuse exactitude. C'est ainsi que l'on parle honnêtement et sérieusement des grandes affaires bien faites à un public honnête et sérieux, et c'est ainsi que des administrateurs justifient la confiance que leurs associés ont placée en eux. Entre ce style positif et sensé et le charlatanisme humanitaire dont une autre école a coutume de revêtir les ruses et les témérités de ses spéculations, il y a une grande différence, et nous sommes certains que cette différence sera de jour en jour mieux comprise par les capitalistes et par le public.

« EUGÈNE FORCADE. »

Toutefois, et comme pour donner au compte rendu qui précède sa véritable signification, la *Semaine financière* insérait le paragraphe suivant dans le même numéro, article *Bourse* :

« Le Lombard a eu cette semaine une assemblée générale, qui n'a été qu'une longue acclamation, une ovation méritée pour ses administrateurs. Tous ceux qui liront le rapport avec désintéressement comprendront difficilement que les actions puissent rester, nous ne dirons pas au-dessous de 600 fr., elles n'y seront plus dans deux jours, mais au-dessous de 700 fr.[1].

« L. LAPALME. »

Ces paroles qui épuisent d'un coup tous les termes possibles de l'éloge, ces attaques passionnées contre « une autre école, » ce langage qui s'éloigne si fort de « la forme digne et sobre » vantée quelques lignes plus haut, devaient avoir pour résultat, comme ils l'ont eu, en effet, d'en faire rechercher les bases et les motifs. C'est ainsi que, pour notre part, nous fûmes amené à nous livrer à une étude que nous n'eussions peut-être jamais songé à faire sans cette circonstance, et dont les résultats extraordinaires et inattendus nous ont surpris, comme ils surprendront certainement le lecteur.

Dès le 24 mai, l'*Industrie* publia un premier article plein de mesure et de convenance, intitulé *les Réserves*, dans lequel ce journal, constatant que les motifs qui ont amené le conseil d'administration des chemins lombards à la création des réserves diverses n'étaient

---

[1] Le cours du vendredi 16 mai était à 586,25. D. F.

pas indiqués dans le rapport, croyait devoir les rechercher et les signaler. Voici d'ailleurs cet article, œuvre d'un homme assurément fort compétent en ces matières :

CHEMINS DE FER LOMBARDS

LES RÉSERVES.

« Les motifs qui ont amené le conseil d'administration à la création des réserves diverses dont nous avons parlé ne sont pas indiqués dans le rapport, mais il n'est peut-être pas difficile de les signaler, car ce n'est pas sans de graves et évidentes raisons qu'une réunion d'hommes expérimentés se décide à une mesure aussi extraordinaire.

« Il est clair pour le public comme pour la Compagnie qu'il y a sagesse à ne pas abuser des bénéfices que procure la situation si singulière et si favorisée que les chemins lombards rencontrent à leur début.

« Ainsi, la Compagnie, en ce moment encore, jouit d'une des plus belles exploitations de l'Europe, sans l'avoir intégralement payée. Les 72 millions de francs qu'elle doit encore au gouvernement autrichien pour le payement de la ligne de Trieste n'étant pas productifs d'intérêts, ne grèvent pas pour l'instant le compte d'exploitation [1].

« Il reste à opérer sur cette voie de nombreuses réfections et des constructions nouvelles très-importantes.

« Le remplacement et l'augmentation du matériel ne sont pas encore entièrement effectués.

« Le compte d'agio, qui est une source de perte pour les chemins autrichiens, est au contraire, par une singulière contradiction, productif de bénéfices momentanés pour une administration qui, ayant de vastes dépenses de construction à solder, reçoit en argent les versements de ses obligataires et actionnaires, paye en papier ses créanciers divers, et comble ainsi les pertes que le compte d'exploitation réaliserait forcément s'il était seul ouvert; tout cela constitue une situation transitoire et exceptionnelle dont il faut prévoir le terme.

« Voilà ce que nous avions à dire du compte de premier établissement. En ce qui concerne le compte d'exploitation, il est important de faire remarquer que sur la

---

[1] Le prix d'achat de la ligne de Trieste, déduction faite du matériel, est de 150,224,000 francs. Il a été payé jusqu'ici 87,038,000 francs et dépensé 23,925,000 francs, soit 110,963,000 francs. Or, si l'on joint aux 72 millions de francs qui sont encore dus le coût des travaux à opérer, on est fondé à croire qu'il reste environ 90 millions de francs à dépenser encore. Ce seront donc 5,400,000 francs de nouvelles charges annuelles qui grèveront l'exploitation dans un temps donné. En calculant les obligations au taux le plus élevé qu'elles aient atteint, cette somme représente environ 7 francs par action, et il faut plus de 8 millions de francs d'augmentations de recettes pour la payer.

ligne de Trieste le tonnage des céréales s'élève, en 1861, à 429,000 tonnes contre 196,000 tonnes en 1860, et que sur le réseau hongrois le même tonnage monte au chiffre de 213,000 tonnes dans un trafic total de 320,000 tonnes. Il faut admettre qu'une grande partie de ce transit doit appartenir à la Compagnie d'une manière normale, mais on ne doit pas oublier que ces éléments seront nécessairement très-variables, suivant les récoltes des pays desservis, et suivant les besoins des contrées occidentales.

« Sur la ligne de Hongrie, le trafic des voyageurs qui, en France, est d'environ 35 pour 100 de la recette générale, ne dépasse pas 19 pour 100, et les marchandises figurent pour le chiffre énorme de 81 pour 100. C'est un fait dont on ne trouverait peut-être pas d'exemple, si ce n'est dans la première année d'exploitation du chemin de fer du nord de l'Espagne, alors que, sous l'influence d'une superbe récolte, il réalisait, pendant quelques mois, des recettes correspondant à 40,000 fr. par kilomètre et par an, pour tomber bientôt au chiffre de 17 à 18,000 francs.

« Si, statutairement, la Compagnie des chemins lombards se trouve amenée à ne faire supporter à l'exploitation qu'un chiffre très-faible pour les emprunts émis, elle agit donc sagement en n'oubliant pas les charges que l'avenir lui apportera, et elle a raison de ne pas se mettre à la merci des augmentations de recettes pour y pourvoir.

« Les produits de l'exercice actuel, qui se présentent avec une nouvelle augmentation, permettent de penser que la Compagnie pourra remplir en 1862 la tâche qu'elle s'est imposée de distribuer à ses actions 10 pour 100 des sommes versées. Ce sera cette fois un produit de 45 francs. Ce résultat de 10 pour 100 doit être considéré comme très-avantageux, et le jour où le dixième versement sera appelé, si la Compagnie peut, comme elle l'espère, continuer aux actionnaires ce revenu considérable, elle sera parvenue à un haut degré de prospérité.

« En effet, au moment de la constitution définitive de l'affaire par l'ouverture de toutes les lignes et la fermeture du compte de premier établissement et de tous les comptes provisoires d'agio et de réserve extraordinaire, le dividende de 50 francs semble devoir exiger une recette brute de 107,500,000 francs environ.

« L'établissement général du réseau paraît modérément évalué à la somme de 800 millions de francs ; les obligations montant à 425 millions de francs, exigeront un prélèvement de 26,562,000 francs à raison de 6 fr. 25 p. 100; les frais d'exploitation à 40 p. 100 demanderont 43 millions de francs, et le dividende 37,500,000 francs. Certes ces résultats sont loin d'être impossibles pour une Compagnie qui, en 1861, n'a guère exploité que les deux tiers de son domaine, mais le conseil d'administration a grandement raison de ne rien escompter au delà de l'éventualité des dividendes de 10 p. 100, et même de préparer des réserves importantes pour les assurer.

« Du reste, la concession du réseau de l'Italie méridionale doit être l'occasion de changements dans le capital et l'organisation de la Société. Il a été annoncé qu'une nouvelle assemblée serait convoquée prochainement à ce sujet. Nous aurons donc à revenir encore sur la constitution financière de la Compagnie, pour examiner la situation nouvelle qui lui sera faite.

« Félix Nouette-Delorme. »

Le 31 mai, la *Semaine financière*, non contente de ses attaques du 17, publia, sur les dividendes des chemins autrichiens, un article ainsi conçu :

LE DIVIDENDE DES CHEMINS AUTRICHIENS

« On a appris, non sans une grande et juste surprise, que le dividende des chemin autrichiens était fixé, cette année, à 32 ou 33 francs (nous ne savons au juste le chiffre). L'année dernière, il avait été de 35 francs. Cependant la recette du dernier exercice est supérieure à la recette de l'exercice précédent de la somme de cinq millions de francs.

« Nous attendons le rapport du Conseil d'administration avec impatience. Il nous tarde de voir expliquer comment, avec un excédant de cinq millions de recette, on ne peut distribuer aux actionnaires qu'un revenu sensiblement inférieur au revenu précédent.

« Rien ne devait faire prévoir un semblable résultat. Il n'y a pas un mot dans le rapport de l'année dernière qui ait pu y préparer le public. Celui-ci a donc dû raisonnablement compter sur un dividende supérieur à 35 francs, en voyant croître la recette d'environ 100,000 francs par semaine. Au lieu d'avoir plus, il a moins. Le mécompte est complet, nous ajoutons qu'il est cruel; car si les actionnaires n'avaient compté que sur 35 francs, ils auraient vendu leurs actions des chemins autrichiens pour acheter des actions de Lyon, des Lombards, voire des Midi, et ils auraient ainsi réalisé un important bénéfice. Ils ont donc bien le droit de se plaindre.

« On dit qu'on s'est aperçu qu'il y avait urgence de préparer de fortes réserves. Mais comment ne s'en est-on pas aperçu plus tôt? Ou l'on a trop grossi le dividende de l'année dernière, ou l'on atténue à l'excès celui de cette année.

« L'affaire des Autrichiens nous remet en mémoire celle du Strasbourg. Les actions de Strasbourg, comme celles des Autrichiens ont été poussées au-dessus de 1,000 francs. On voit où elles en sont aujourd'hui. Le dividende du Strasbourg fut un jour imprudemment porté à 78 francs, et c'est alors que le prix des actions s'éleva au-dessus de 1,000 francs. En vain quelques hommes prudents prêchaient la modération et rappelaient l'époque prochaine où devait s'accomplir la fusion de la ligne de Mulhouse avec celle de Strasbourg. On les traitait de Cassandres et d'adversaires des Compagnies en question et de leurs actionnaires. Étaient-ils des adversaires ou des amis prudents? Que le lecteur prononce.

« Nous reparlerons des chemins autrichiens, quand nous connaîtrons le rapport.

« E. BARAS. »

Le 7 juin suivant, l'*Industrie* répondit directement à la *Semaine financière* par un article très-net et très-ferme. L'auteur place de suite la question sur son véritable terrain; il montre les deux Compagnies appliquant, à propos du change, deux systèmes dont le plus sévère, le plus dur si l'on veut, est évidemment suivi par la Société des chemins autrichiens. Voici, au surplus, cet article :

LES CHEMINS AUTRICHIENS

« La *Semaine financière*, à propos du compte rendu à l'assemblée des chemins de fer lombards, nous révélait, dans son numéro du 17 du mois dernier, l'existence de deux écoles financières : l'une parlant honnêtement et sérieusement, d'un style positif et sensé, à un public également honnête et sérieux ; l'autre couvrant par son charlatanisme humanitaire les ruses et les témérités de ses spéculations.

« La même feuille, dans son numéro du 31 du même mois, au sujet du dividende des chemins de fer autrichiens, se demandait comment, avec un excédant de cinq millions de recettes, on ne pouvait distribuer aux actionnaires qu'un revenu sensiblement inférieur au revenu précédent, 33 fr. 50 centimes au lieu de 35 fr., et, dans son ignorance des vrais motifs de cette diminution de dividende, elle parlait, comme d'un bruit qui avait couru, de la nécessité trop tard reconnue de préparer de fortes réserves pour compenser, sans doute, des dividendes qui auraient été antérieurement grossis outre mesure.

« Notre curiosité devait être naturellement éveillée par de pareilles révélations, dans lesquelles l'éloge d'une école se trouvait rehaussé par le blâme sévère infligé aux procédés d'une autre.

« Déjà nous avions fait remarquer, dans notre numéro du 24 mai, la singulière contradiction qui fait que la hausse du change, qui est un désastre pour la Compagnie autrichienne, se trouve une cause de bénéfices pour la Compagnie lombarde. Il est évident qu'il y a là l'application de deux systèmes qui peuvent également s'expliquer peut-être, mais dont le plus sévère, le plus dur si l'on veut, est évidemment suivi par la Société des chemins autrichiens.

« Cette Compagnie, en effet, paraît avoir séparé complétement le compte de capital de celui de l'exploitation. Le montant des actions ou des obligations qu'elle a émises lui a été payé en or ou en valeurs qui équivalent à l'or, et cet or, transformé en florins au cours du jour, a été intégralement consacré au payement de ses acquisitions ou à ses travaux. Ainsi, le florin, dont la valeur nominale est de 2 fr. 50 c., n'était encore tombé au moment où elle effectuait ses travaux, qu'à 2 fr. 16 c. environ, et à ce prix elle a pu obtenir, pour un capital de 378,555,650 fr. réalisé en argent, une somme en florins de 175,024,867 florins, au lieu de celle de 151,422,260 florins qu'elle aurait eue seulement si le florin avait valu 2 fr. 50 c. et non 2 fr. 16 c.

« Les 175,024,867 florins ainsi obtenus par suite de la dépréciation du papier-monnaie autrichien, au lieu des 151,422,260 florins qu'on aurait eus seulement si le florin avait été au pair, ont été entièrement consacrés à la construction des chemins, sans aucune distraction par la Compagnie des chemins autrichiens, et de fait, elle n'a réalisé aucun bénéfice du chef de cette augmentation purement nominale de la quantité des florins reçus, puisque tout ce qui concourt aux travaux de construction, salaires et matériaux, a dû subir une augmentation proportionnelle à la dépréciation de la monnaie qui servait à les solder.

« La Compagnie des chemins lombards, procédant d'une autre manière, a considéré comme un bénéfice la différence entre la valeur nominale du florin et sa valeur courante réelle, effective. En suivant le même système, la Compagnie des chemins autrichiens aurait compté dans son compte de capital le florin à 2 fr. 50 c.

« Elle n'aurait ainsi employé à ses travaux qu'une somme de 151,422,260 flor. et aurait pu créditer aussi un compte d'agio à titre de bénéfices, de la différence du cours nominal au cours réel, soit 23,602,607 florins.

« Le bénéfice qu'elle aurait réalisé par l'emploi de ce système est même plus considérable encore effectivement, en raison de l'augmentation de la dépréciation du papier-monnaie depuis quelques années.

« De même que la Compagnie des chemins de fer autrichiens, recevant des francs en échange de ses actions et de ses obligations, les a transformés en florins au cours du jour et en a consacré le montant intégral à ses travaux, de même, lorsqu'elle reçoit des florins pour le montant de son trafic et qu'elle a à payer en francs le montant de ses intérêts, de ses actions et de ses obligations, il faut qu'elle transforme les florins en francs au cours du jour; il en résulte forcément une perte, puisque la monnaie dans laquelle se perçoit le montant du trafic ne vaut, au lieu de 2 fr. 50 c., que 1 fr. 75 c. et même 1 fr. 61 c., chiffre auquel le florin est tombé en 1861. En adoptant un autre système, la Compagnie des chemins autrichiens aurait pu ainsi augmenter chaque année son dividende de plus de 20 francs depuis l'origine de son existence, tandis que la Compagnie des chemins lombards, en adoptant le système des chemins autrichiens, aurait vu les siens se réduire dans une proportion considérable.

« Si le florin avait été au pair, dit le rapport des chemins autrichiens, le paye-
« ment des coupons d'intérêts et l'amortissement aurait laissé disponible une
« somme de 5,346,520 fr. 64 c., et le dividende de l'année, sans toucher à la ré-
« serve supplémentaire, aurait été de 27 fr. 37 c., ce qui aurait porté le revenu
« par action à 52 fr. 37 c. L'agio nous coûte, en 1861, 20 fr. 78 c. par action. »

« Voici maintenant comment s'exprime la Compagnie des chemins lombards, dans un de ses précédents rapports qui ouvre la voie à l'application du système qu'elle a suivi :

« Par suite de la mesure adoptée dans notre dernière assemblée générale, les
« versements sur les actions sont en effet réalisés en argent, et il en est de même
« pour le prix des obligations vendues. Toutes les ressources que nous réalisons ainsi
« et que nous transformons en valeur autrichienne profitent donc du change, et si,
« d'un autre côté, nous réalisons une perte sur les sommes que nous avons à payer
« à l'étranger pour servir les intérêts des obligations et des dividendes à répartir
« aux actions, il est évident que nous ne serions en déficit qu'autant que les sommes
« à payer à l'extérieur dépasseraient celles que nous avons à y recevoir. »

« De l'emploi de ce système, de la non-imputation sur les bénéfices des intérêts des sommes dues au gouvernement, enfin de la division du réseau en lignes nouvelles et anciennes, est résulté un ensemble de bénéfices qu'à chaque exercice on a jugé trop considérable pour être distribué intégralement aux actionnaires.

« De là est née la réserve extraordinaire.

« Quant à la réserve provenant des bénéfices de l'agio, elle est destinée à s'élever tant que les sommes à remettre en Autriche pour la construction dépasseront le montant des revenus nets de l'exploitation. Dès que cette proportion changera, elle passera, sans doute, au compte de dividende, afin d'en maintenir pendant un certain temps la régularité.

« Voilà les faits dans toute leur simplicité. Voilà l'explication de la distance que l'on trouve entre les dividendes des deux exploitations! Tout en reconnaissant à chaque Compagnie la faculté d'organiser à son gré sa comptabilité sous l'approbation de son assemblée générale, nous trouvons piquant que, du moment où l'on veut exercer son esprit de critique, on le fasse précisément aux dépens de l'administration qui a appliqué les principes les plus sévères, et qui a séparé avec le plus grand soin son compte de capital de son compte d'exploitation.

« TH. FABAS. »

Pouvions-nous demeurer étranger à une discussion dans laquelle se débattait une question de moralité commerciale et industrielle? Étudier cette question, l'éclaircir, tel était notre devoir, et ce devoir, on nous rendra cette justice de reconnaître que nous n'y avons pas manqué.

Personnellement désintéressé dans le débat, n'ayant de liaisons ni dans l'un ni dans l'autre camp, n'y étant probablement même pas connu, nous n'apportions dans l'examen auquel nous allions nous livrer, d'autre préoccupation que celle de la recherche du juste et du vrai. Désireux de voir prospérer les chemins de fer, que nous considérons comme la plus haute expression de l'industrie moderne, nous voyons toujours avec peine les accusations sans fondement, les discussions intéressées, les dénigrements systématiques, qui parviennent à se faire jour dans la presse à de rares heures d'oubli d'elle-même. Nous devons l'avouer, le besoin de protester contre ces défaillances est pour beaucoup dans le sentiment qui nous a porté à prendre part à la discussion que nous trouvions si honnêtement engagée par nos confrères de l'*Industrie*.

Voici de quelle manière nous annonçâmes, dans le *Journal des*

Actionnaires du 14 juin, notre intention de prendre la parole à notre tour :

LES CHEMINS LOMBARDS

(premier article)

« L'*Industrie*, en réponse à la *Semaine financière*, a soulevé, à l'occasion des chemins autrichiens, une question très-importante, sur laquelle c dernier journal ne peut garder le silence.

« Il s'agit, en effet, de savoir si la Compagnie des chemins lombards a trouvé une source abondante de bénéfices là où celle des chemins autrichiens a vu disparaître la meilleure partie de ses dividendes, dans la dépréciation du papier autrichien. Il s'agit de savoir si la même cause a pu produire des effets entièrement opposés, et si l'une des deux compagnies a pu légitimement, et contrairement au système suivi par l'autre, compter les recettes que réalise son exploitation en florins sur le pied de 2 fr. 50, lorsque les florins n'auraient valu que 1 fr. 70, en moyenne, l'année dernière, et seraient même tombés à 1 fr. 61.

« Nous supposons qu'il doit y avoir parité complète entre les deux compagnies dans la manière dont elles ont formé leur capital, et que, par consé-quent, on ne peut pas invoquer pour l'une des considérations qui ne s'appli-queraient pas à l'autre ; et de fait, au premier abord, nous ne verrions pas la différence qui pourrait exister dans leur situation respective. Chacune d'elles a négocié ses actions et ses obligations à l'étranger ; chacune en a reçu le montant en *francs* et a dû le convertir en florins. La quantité de florins obte-nus a dû être exclusivement consacrée au payement des travaux ou à l'acqui-sition des lignes exploitées ou à exploiter. Le florin étant tombé jusqu'à 1 fr. 61, on en a nécessairement reçu pour une même somme de francs une quantité plus forte que s'il avait été au pair, c'est-à-dire à 2 fr. 50 ; mais comme le prix de toutes choses, salaires et objets de toute nature, a monté dans la proportion de la dépréciation de la monnaie de papier, on ne pourrait, sous aucun prétexte, considérer comme un bénéfice l'*agio* ou la différence entre le cours réel et le cours nominal du florin.

« De même, en ce qui concerne l'exploitation, chaque compagnie n'a pu compter la monnaie qu'elle reçoit en payement de son trafic que pour sa valeur réelle ; et, de ce que les deux compagnies auraient pu se dispenser d'envoyer des fonds en France pour le payement des dividendes et des intérêts, parce qu'elles auraient pu établir une compensation matérielle avec les produits de leurs actions et de leurs obligations en France, on ne pourrait pas tirer cette conséquence que le florin, qui n'aurait pu être reçu dans l'exploitation que pour sa valeur réelle de 1 fr. 61, pourrait être compté pour sa valeur nominale de 2 fr. 50, ce qui serait prendre des dividendes aux dépens du capital. Or, le capital est, dans toutes les comptabilités, une chose essentiellement distincte de l'exploitation, et, quelque difficiles que soient à pénétrer les arcanes du *change* et de l'*agio* pour ceux qui ne sont pas du métier, nous en savons assez pour nous méfier de toute confusion entre deux comptes qui doivent rester entièrement séparés, celui de la construction et celui de l'exploitation.

« Nous attendrons les explications qui ne peuvent manquer d'être fournies par la *Semaine financière.* »

Ces lignes furent suivies, le 21 juin, d'un second article dans lequel nous déclarions qu'en attendant que des explications satisfaisantes fussent fournies par la Compagnie intéressée, nous allions éclairer le débat par de nouveaux renseignements. Voici cet article

LES CHEMINS LOMBARDS

(DEUXIÈME ARTICLE)

« Dans notre précédent numéro, nous avons appelé l'attention du public, et plus particulièrement celle des hommes compétents, sur un curieux débat qui s'est élevé entre la *Semaine financière* et l'*Industrie* au sujet du mode de comptabilité adopté par la Compagnie des chemins de fer lombards. Depuis lors, plusieurs journaux français et étrangers ont abordé cette question, dont on ne saurait méconnaître l'importance.

« En attendant que des explications satisfaisantes soient fournies par la Compagnie intéressée, nous croyons utile d'éclairer le débat par de nouveaux renseignements.

« Dans la formation du capital des compagnies étrangères, il se présente tout d'abord une difficulté résultant de la différence des monnaies. Quand la monnaie du pays dans lequel on se propose une œuvre quelconque à exécuter est métallique, le rapport de cette monnaie avec la nôtre est facile à établir ; les différences sont très-faibles, et ne résultent que de ce qu'on appelle la balance du commerce, ou du solde des échanges entre les deux pays à payer en argent. Mais quand on se trouve en présence d'une monnaie de papier susceptible de dépréciation, il peut en résulter une forte perte pour la Société, si on n'a pas pris soin de régler le change de manière à l'éviter.

« Ainsi, pour la Compagnie des chemins russes, l'unité adoptée étant le rouble au change fixe de 4 fr., le capital de l'action de 500 fr. est par conséquent de 125 roubles, et comme le rouble subit une dépréciation de 12 p. 100 environ, et ne vaut que 3 fr. 50 à 3 fr. 55, il en résulte que l'actionnaire a pu se libérer du montant de l'action, qui est de 125 roubles, moyennant une somme inférieure à 500 fr., pour celle de 440 fr. environ, et c'est la Société qui a supporté la perte de la différence.

« Il en a été autrement pour la Société des chemins autrichiens, qui a adopté le franc pour unité et qui a obligé ses actionnaires à lui payer effectivement le montant intégral de l'action en francs, quelle que soit la monnaie dans laquelle ce payement a pu être fait, de telle façon que les Autrichiens qui auront voulu payer en florins dépréciés les 500 francs dus pour le capital de l'action ont eu à donner une quantité de florins proportionnée à leur dépréciation, 286 florins, par exemple, au lieu de 200, le cours du florin étant à 1 fr. 85, soit une dépréciation de 30 pour 100 environ.

« Dans ce cas, la Compagnie ne perd rien; elle reçoit son capital en francs, et elle obtient une plus grande quantité de florins; mais cette augmentation du chiffre des florins n'est que nominale, puisque tous les salaires, tous les matériaux à employer montent inévitablement dans la proportion de la va- r de la monnaie qui sert à la payer.

« La Compagnie des chemins lombards a employé successivement les deux stèmes, celui du change fixe, comme la Société des chemins russes, et celui change variable, comme la Société des chemins autrichiens, et nous avions toujours pensé qu'elle n'avait adopté le second que pour éviter les pertes que lui avait causées le premier.

« Les choses se sont-elles passées ainsi? Nous avons lieu de croire que ce but a été singulièrement dépassé : au lieu de se borner à éviter une perte, la ompagnie a voulu trouver, dans ce système, le moyen de réaliser, par une grande hardiesse de comptabilité, un gros bénéfice dont elle pourrait se ervir pour grossir ses dividendes et faire apparaître une réserve considérable.

« Pour atteindre ce but, elle a établi ses comptes dans l'hypothèse où le florin vaudrait le pair, qu'elle a fixé arbitrairement à 2 fr. 50, bien qu'il ne soit effectivement que de 2 fr. 469, et comme ce florin ne valait réellement que 1 fr. 75, par exemple, elle en pouvait obtenir pour les sommes à remettre, en Autriche, une plus grande quantité pour une même somme de francs; c'est cet excédant de florins qu'elle a considéré comme un bénéfice et qu'elle a porté à ce titre au crédit d'un compte agio, sans s'inquiéter de l'excédant de dépenses auquel l'obligerait la dépréciation de la monnaie autrichienne.

« Ainsi, sur 100 millions de francs reçus des actionnaires, lesquels représenteraient

40,000,000 de florins au cours nominal de 2 fr. 50 c., et
57,142,857 de florins au cours réel de 1 fr. 75 c., la différence de

17,142,857 florins a été distraite du capital pour être passée par profits et pertes sous le titre d'un compte agio.

« Or, d'après un pareil système, sur ces 100 millions il ne serait ainsi consacré que 70 millions de francs aux dépenses du chemin, et 30 millions de francs viendraient s'ajouter successivement aux produits de l'exploitation pour augmenter le chiffre des dividendes.

« C'est ainsi, en effet, que la Compagnie des chemins lombards a pu donner des dividendes d'au moins 10 pour 100 des fonds versés, et présenter des réserves dont le chiffre ou la puissance, suivant ses expressions, s'élève à 22 millions de francs.

« Pour compléter cette analyse, nous dirons, enfin, que le procédé dont la Compagnie se sert pour faire passer ce prétendu bénéfice du compte agio au compte des dividendes consiste tout simplement à considérer les florins reçus pour son exploitation à raison de 1 fr. 75 c. comme valant 2 fr. 50 c., et à payer les dividendes en francs sur ce pied, en imputant au débit du compte agio la différence qu'elle aurait à perdre si elle avait dû faire passer effectivement en francs les fonds nécessaires pour le payement des intérêts et des dividendes.

« Ainsi, 10 millions de florins de produit net, au cours nominal de 2 fr. 50 c., représentent.   25,000,000
tandis qu'ils ne représenteraient que.   17,500,000

au cours réel de 1 fr. 75 c. La différence ou bénéfice est donc de.   7,500,000
qui est portée au débit du compte agio.

« Ce bénéfice se trouverait doublé si le florin s'était déprécié dans la proportion de 60 pour 100, et il est bon de noter que la Compagnie a le droit d'élever ses tarifs suivant la dépréciation du florin, et que, par suite de cette faculté, elle peut en recevoir une plus grande quantité.

« Voilà dans toute sa simplicité, ou plutôt dans toute sa crudité, le mécanisme imaginé par la Compagnie des chemins lombards.

« Dans un prochain article, nous examinerons les autres procédés accessoires et les perfectionnements qu'a éprouvés le système des deux réseaux ; nous examinerons, d'après les comptes publics de cette Compagnie, si les intérêts des lignes en construction, lesquels ont été ajoutés aux produits nets figurent bien pour leur chiffre réel, et si on a toutes les garanties nécessaires contre une confusion des dépenses de la construction et celles de l'exploitation ; si, enfin, les actionnaires sont traités sur le même pied que les administrateurs dans la répartition des bénéfices spéciaux.

« Une pareille étude sera très-utile dans l'intérêt des affaires. »

De proche en proche, plusieurs autres journaux, émus de la révélation faite par l'*Industrie*, interpellaient vivement la *Semaine financière*.

Entre autres, l'*Esprit public* contenait l'article suivant dans son numéro du 16 juin :

« On s'attendait à une réponse de la *Semaine financière* aux accusations formulées par l'*Industrie* sur la réalité des dividendes distribués par la Compagnie des chemins lombards, et sur celle de cette puissante réserve de 22 millions de francs qu'on fait miroiter aux yeux des actionnaires. On a été surpris du silence de cette feuille sur les faits signalés, faits dont la gravité exigeait une réfutation immédiate, si tant est que cette réfutation soit possible. On en a été d'autant plus surpris qu'elle avait commencé l'attaque.

« On aurait désiré cependant quelques explications sur l'existence de ce compte *agio*, à l'aide duquel on fait passer une portion du capital dans le compte des dividendes et des réserves, sous prétexte d'un bénéfice réalisé par l'effet de la dépréciation du papier-monnaie autrichien.

« Deux journaux, frappés de l'importance de la question soulevée par l'*Industrie*, l'*Indépendance* et le *Journal des Actionnaires*, viennent d'entrer en lice et de mettre de nouveau la *Semaine financière* en demeure de s'expliquer. Il faudra donc bien qu'elle finisse par là, quelque répugnance qu'elle puisse avoir à le faire. Mais, après avoir pris connaissance des faits dans les rapports mêmes de la Compagnie, nous doutons qu'elle puisse fournir une réponse satisfaisante.

« Comment justifier, en effet, ces prétendus bénéfices opérés sur le compte de la construction, par la raison qu'on reçoit le montant du capital en francs, et qu'on le dépense en florins dépréciés, d'où l'on fait résulter un bénéfice qui n'est que la différence entre le cours nominal du florin à 2 50 et le cours réel, qui est tombé l'an dernier jusqu'à 1 61 ?

« A qui fera-t-on croire qu'on ne paye pas plus cher les travaux et les matériaux de la construction avec une monnaie dépréciée qu'avec une bonne ?

« Et, en admettant même qu'il en fût autrement, en admettant que, contrairement à toutes les lois de la circulation, les salaires, les divers éléments de la voie et du matériel n'eussent pas monté, nous demanderions si ce n'est pas le compte de la construction qui devrait profiter de ces économies, et si on est fondé à en gratifier l'exploitation et à s'en servir comme d'une machine à haute pression pour élever le chiffre des dividendes ?

« Voilà pour ce dont la Compagnie forme le crédit du compte *agio*.

« Maintenant, si nous abordons le débit de ce compte, qui doit se composer des sommes ajoutées aux dividendes, nous demanderons également s'il est permis d'élever à 2 50 la valeur d'une monnaie que l'exploitation ne reçoit que sur le pied de 1 61 ou 1 72, lorsque surtout la Compagnie élève ses tarifs en raison de cette dépréciation du florin autrichien.

« Poser de pareilles questions, c'est les résoudre, et nous ne comprenons pas vraiment qu'on ait pu user d'un pareil moyen pour créer, aux dépens du capital, des bénéfices qui ne résultent pas évidemment de l'exploitation de l'industrie de la société.

« Cela ne peut se justifier à aucun titre, et une pareille distribution n'est pas couverte en droit par le vote même de l'assemblée générale, par la raison que c'est contraire au but de la Société ; et tout individu qui, sur la foi de pareils dividendes, se serait laissé induire à acheter des actions, serait fondé à demander à l'administration la réparation du dommage qui pourrait en résulter pour lui.

« La lecture des rapports de cette Compagnie nous a révélé d'autres particularités sur lesquelles l'attention de l'*Industrie* ne s'était pas portée.

« Nous avons vu, par exemple, qu'on portait en recette les intérêts des lignes en construction, dont l'exploitation était partielle. Nous aurons à examiner si ces intérêts sont bien en rapport avec la dépense de construction, et si on ne devait pas cesser ce service pour certaines lignes dont nous croyons l'achèvement accompli.

« Nous aurons ensuite à voir si la répartition des bénéfices est exactement proportionnelle en ce qui concerne les administrateurs et les actionnaires, attendu que nous avons quelque raison de croire le contraire. — Mais il ne faut pas mêler toutes les questions, et nous attendrons, pour entrer dans cette nouvelle série de faits, qu'il ait été répondu aux questions relatives au compte d'*agio*.

« H. EDWARDS. »

Et le 18 juin, l'*Indépendance* s'exprimait en ces termes sur la même question :

« Cette chronique de la semaine financière ne serait pas complète, si je ne vous disais quelques mots d'un fait assez inattendu qui s'est produit depuis quelque temps. Ce fait, c'est la baisse qu'ont éprouvée les actions des chemins lombards, succédant à une hausse contraire qu'avait provoquée la situation fort brillante de cette affaire. Vous n'ignorez pas, en effet, qu'elle donne depuis plusieurs années de forts beaux dividendes. Celui de l'exercice de 1861 est de 40 francs, chiffre magnifique pour des actions non encore complétement libérées. En outre, les réserves qui figurent dans les comptes ne s'élèvent pas à moins de 22 millions de francs. Tout cela constitue donc, je le répète, une situation fort brillante et ne permet guère de s'expliquer la baisse du prix des actions dans ces derniers temps.

« Cette baisse est le résultat d'un article publié par un journal spécial, l'*Industrie*, qui, répondant à un autre journal spécial, la *Semaine financière*, a prétendu que ces dividendes et ces réserves auraient été obtenus par un procédé qui consisterait à compter à raison de fr. 2-50 les florins provenant des recettes de l'exploitation effectuées en Autriche, tandis que ces florins n'auraient valu l'an dernier que fr. 1-72 en moyenne et seraient tombés jusqu'à fr. 1-61. La différence entre ces deux cours est de 30 à 35 p. 100, et les dividendes auraient été grossis dans cette proportion aux dépens du capital. Les réserves seraient formées de la même manière, et l'une d'elles qui, sous le titre de compte agio, s'élève à plus de 9 millions de francs, serait exclusivement prise sur le capital et proviendrait de la différence entre la valeur nominale et la valeur réelle des florins employés à la construction.

« Voilà ce qu'a avancé le journal l'*Industrie*, en ajoutant que, d'après ce système, plus forte serait la dépréciation du papier-monnaie autrichien et plus grand serait le bénéfice de la Compagnie, de telle façon que ce bénéfice pourrait s'élever jusqu'à 70 ou 80 p. 100 si la valeur du papier autrichien se dépréciait dans cette proportion, et que, réciproquement, l'amélioration du change deviendrait une calamité pour la Compagnie, qui verrait ainsi tarir la source des profits réalisés jusqu'ici.

« La baisse qu'ont éprouvée les actions des chemins lombards n'a pas d'autre cause que ces rumeurs, dont je laisse à l'*Industrie* toute la responsabilité, mais qu'il était de mon devoir de mentionner, comme un incident dont on s'est occupé à la Bourse. Quand la *Semaine financière* répondra à l'*Industrie*, je vous tiendrai fidèlement au courant de sa réponse, cette discussion intéressant beaucoup le public de la Bourse. »

Enfin un autre journal, le *Crédit public*, terminait ainsi cette première phase de la discussion :

LES CHEMINS AUTRICHIENS ET LES CHEMINS LOMBARDS

LA QUESTION DE L'AGIO.

« Un débat très-vif s'est engagé entre plusieurs journaux au sujet de la répartition des bénéfices obtenus par la Compagnie des chemins de fer autrichiens et par la Compagnie des chemins de fer du sud de l'Autriche.

« La *Semaine financière*, qui a soulevé cette discussion d'une manière imprudente, débutait en exprimant l'étonnement que lui causait la faiblesse du dividende des chemins de fer autrichiens pour l'année 1861. Avec une recette supérieure de 5 millions de francs à celle de l'année précédente, cette Compagnie ne distribue, en effet, à ses actionnaires qu'un dividende de 33 fr., c'est-à-dire de 2 fr. inférieur à celui produit pour l'exercice 1860.

« Au lieu d'attendre les explications du rapport qui n'était pas encore connu, notre confrère a préféré insinuer que les dividendes des années précédentes avaient été arbitrairement grossis et qu'aujourd'hui on sentait la nécessité d'établir de fortes réserves pour réparer la brèche faite dans les ressources sociales par des fixations injustifiées.

« Le Rapport de la Compagnie a expliqué la contradiction apparente qui résultait de la comparaison des exercices de 1860 et 1861. La faiblesse du dividende par rapport à celui de l'année précédente, et malgré l'augmentation des produits, est uniquement due aux variations du change, à la dépréciation très-forte qu'a subie le florin autrichien. Cette explication était suffisante; elle était fournie, en outre, en erme si clairs qu'elle aurait dû satisfaire les plus exigeants. Mais la *Semaine financière*, bien qu'elle ne sorte pas toujours victorieuse des combats qu'elle provoque, n'aime ni à se rendre ni à convenir de ses erreurs quand il lui arrive d'en commettre. Au lieu donc de revenir sur son point de départ, qui était complétement faux, notre confrère, insistant sur la question dans un nouvel article, a cru devoir faire ressortir la supériorité du mécanisme de comptabilité de la Compagnie des chemins de fer lombards sur celui des chemins autrichiens.

« L'un procure un bénéfice important et immédiat aux actionnaires; l'autre amoindrit leur revenu. Il est difficile de s'expliquer comment de simples procédés d'écriture peuvent avoir des résultats si opposés. Si, comme le prétend la *Semaine nancière*, les chemins lombards font bien de porter au compte d'agio les pertes résultant du change et de grossir ainsi les dividendes actuels, parce que ces chemins sont encore dans la période de construction et qu'ayant plus à payer en Autriche qu'à recevoir, ils peuvent ainsi établir une compensation exacte, n'y a-t-il pas lieu de craindre que, dans l'avenir, si les produits de l'entreprise ne s'élevaient dans une proportion suffisante, le dividende ne subisse une forte diminution, tandis que s'élèverait celui des chemins autrichiens, qui établissent une séparation absolue entre le compte de capital et celui d'exploitation? Dès lors, la nécessité d'établir de fortes réserves serait bien plus démontrée pour le Lombard que pour les Autrichiens, et si l'avenir se montrait enveloppé de ténèbres, ce serait plutôt pour la première de ces entreprises que pour la seconde.

« Voilà, selon nous, ce qui nous semble ressortir de la discussion, d'ailleurs un peu confuse, qui s'est engagée à ce sujet entre plusieurs de nos confrères et dans laquelle on a eu peut-être le tort d'apporter, de part et d'autre, des formes trop acerbes pour les Compagnies ainsi mises en cause.

« Avant de prendre nous-mêmes une part plus directe à ces débats, nous voudrions d'abord qu'on fût bien fixé sur un point important, à savoir, si les prix de toutes choses en Autriche ont suivi la proportionnalité de la dépréciation de la monnaie de papier. C'est ce que prétendent les adversaires de la *Semaine financière*, qui, de son côté, et sans pouvoir expliquer le fait, affirme que les prix de la main-d'œuvre et des fournitures de toute espèce n'ont pas sensiblement varié.

« Cette première constatation est absolument nécessaire pour apprécier la valeur des deux systèmes que l'on oppose l'un à l'autre, et qui, d'ailleurs, n'établirait la supériorité des Lombards sur les Autrichiens que d'une façon fort peu rassurant-pour l'avenir, puisque, de l'aveu de la *Semaine financière*, « si la Compagnie des « chemins sud-autrichiens était, quant à ses mouvements de fonds, dans une situa-« tion semblable à celle des chemins de fer autrichiens, c'est-à-dire si elle avait « épuisé tout son capital d'établissement dans son réseau achevé, elle subirait exac-« tement, comme la Compagnie autrichienne, l'effet des changes contraires de l'Aue « triche. »

« La question qui se traite en ce moment et qui a eu seulement le tort d'être exposée dans des termes trop vifs, intéresse assez directement les deux Compagnies que l'on pose en rivales et qui ne le sont pas, pour qu'elles jugent à propos d'intervenir dans le débat. Il n'en sera que mieux dirigé et plus promptement clos, à la satisfaction des intéressés. »   « DANDRÉ. »

II

Mise ainsi en demeure de s'expliquer, la *Semaine financière* répliqua le 21 juin. Dans une réponse, qu'elle s'efforça vainement de rendre apologétique, elle dut confesser les actes graves qui étaient reprochés à ses patrons. Le ton de sa polémique manque peut-être de « la forme digne et sobre » que l'on emploie d'ordinaire pour parler « honnêtement et sérieusement des grandes affaires à un public honnête et sérieux. » Mais ceci est un détail. Pour nous, que touche plus une bonne raison qu'une belle parole, nous trouvâmes la réponse de la *Semaine financière* peu concluante. Qu'on en juge ; la voici dans son entier :

LE COMPTE DE L'AGIO

DE LA COMPAGNIE DES CHEMINS SUD-AUTRICHIENS ET LOMBARDS

« Nous avons été interpellés d'une façon singulière sur la comptabilité des chemins lombards par une portion de la presse financière. D'écho en écho, des doutes sur la légitimité de la comptabilité pratiquée par la Compagnie des chemins sud-autrichiens ont été insinués dans l'*Industrie*, dans le *Journal des Actionnaires* et jusque dans l'*Indépendance belge.* Prenant prétexte d'un article spécial publié par la *Semaine financière*, à propos du dernier dividende donné par la Compagnie des *Chemins autrichiens*, l'on a voulu établir une comparaison entre la façon dont cette Compagnie dresse ses comptes et la façon dont la Compagnie des Lombards établit les siens, comme pour consoler une entreprise dont l'essor, nous l'espérons, n'est que momentanément arrêté, par une critique adressée à une entreprise qui est en voie de prospérité croissante. Nous laissons le public juge du sentiment peu généreux qui a conduit les détracteurs des chemins lombards à provoquer cette comparaison maladroite. Nous nous contenterons, pour répondre aux questions qu'on nous adresse de répéter des explications qui sont superflues pour nos lecteurs, car nous les leur avons déjà présentées à plusieurs reprises.

« Un mot seulement sur les observations que nous avait suggérées le contraste qui existe pour les chemins autrichiens entre l'augmentation des recettes en 1861 et la diminution du dividende de cet exercice. Nous avions dit que rien, dans le rapport de l'année dernière, n'avait préparé le public à un tel résultat. Cette assertion n'a pas été contredite. Nous ajoutions que, suivant toute probabilité, on s'apercevait maintenant qu'il était urgent de préparer de fortes réserves, et nous exprimions le regret que l'on ne s'en fût pas aperçu plus tôt. Sur ce point, le rapport publié après l'article de la *Semaine financière* a complétement justifié nos prévisions et nos appréciations. Il a fallu, pour parfaire le dividende même diminué de l'exercice, épuiser presque la réserve supplémentaire, en lui demandant une somme de 493,000 florins. Le rapport dit en outre, textuellement, à propos du service d'exploitation : « Afin de mieux tenir compte de tous les éléments variables de ce ser- « vice, il y aura lieu, pour l'avenir, de modifier la passation des écritures et de mieux « répartir les dépenses entre les exercices, par un compte de réserve. » L'événement a donc prouvé que les deux seules observations critiques présentées par nous étaient fondées. Nous n'avions eu nullement la pensée de faire remonter la responsabilité des mécomptes résultant des changes autrichiens à l'administration des chemins autrichiens; une telle tentative eût été de notre part aussi absurde qu'inique. Ceux-là cependant commettent cette injustice et cette absurdité, qui reprochent à la Compagnie des chemins lombards d'avoir pu conjurer, au profit de ses actionnaires, les fâcheuses conséquences de la perturbation du change.

« Si la Compagnie des chemins sud-autrichiens et lombards était, quant à ses mouvements de fonds, dans une situation semblable à celle des chemins autrichiens, si elle avait absorbé tout son capital d'établissement dans son réseau achevé, si, au lieu d'avoir à envoyer chaque année en Autriche des sommes considérables, elle devait attendre en remises de Vienne sur la France ou sur l'Angleterre les sommes avec lesquelles elle aurait à faire face au payement des intérêts de ses obligations et des dividendes de ses actions, elle subirait exactement, comme la Compagnie des chemins autrichiens, l'effet des changes contraires à l'Autriche.

« Mais il n'est pas nécessaire d'entrer dans ce que nos adversaires appellent les arcanes du change et de l'agio, pour savoir quelle est l'influence de l'avilissement des changes dans un pays sur les créanciers ou les débiteurs de ce pays. Le montan- de la dépréciation du change représente une perte égale pour le créancier et un bénéfice égal pour le débiteur. Ainsi, le pair du florin étant de 2 fr. 50 c., si, comme c'est le cas aujourd'hui, le florin déprécié est tombé à 1 fr. 80 c., il est clair que devant à Vienne 27 florins 77 cent., je pourrai les payer avec 50 fr., tandis qu'avec 50 fr. je n'aurais pu payer que 20 florins si le change eût été au pair : débi- teur envers l'Autriche, je gagne donc le montant de la dépréciation, 7 florins 77 c., ou 13 fr. 98 c. Si, au contraire, je suis créancier de 20 florins à Vienne et obligé de les faire venir à Paris, au lieu de 50 fr. que je recevrais si le change était au pair, comme le florin déprécié ne vaut que 1 fr. 80 c., mes 20 florins ne me produi ront que 36 fr., 13 fr. 98 c., ou 7 fl. 77 de moins qu'avec le pair du change. Cet exemple suffit pour rendre sensible la différence qui existe entre la Compagnie des chemins autrichiens et la Compagnie des chemins lombards.

« La première ayant employé tout son capital, n'ayant plus de remises à faire en Autriche pour payer la construction de son réseau, n'ayant plus, au contraire, qu'à en tirer les produits de son exploitation réalisés en florins dépréciés, ne peut obtenir avec une quantité donnée de florins qu'une moindre quantité de francs; de là la diminution dont le change contraire affecte ses profits échangés en francs. La Com- pagnie des Lombards est dans une situation toute différente. Elle a encore, et elle aura jusqu'en 1868, à envoyer annuellement en Autriche, afin d'achever ses con- structions, des sommes beaucoup plus considérables que celles qu'elle a à en retirer comme produits de son exploitation. Elle est bien constructrice et exploitante en même temps; mais au point de vue des mouvements de fonds qu'elle doit accomplir dans ce double rôle, elle est et elle sera jusqu'en 1868 débitrice envers l'Autriche, bien plus que créancière. Elle peut donc, en Autriche même, faire une compensation tou.te naturelle, et employer les recettes de l'exploitation effectuées en florins papier à solder des dépenses faites en Autriche, et stipulées également en florins papier; elle peut payer à Paris les intérêts et les dividendes de ses obligations et de ses actions sans leur faire subir de pertes de change, puisqu'elle compense, en Autriche même, les sommes qu'elle reçoit de l'exploitation avec celles qu'elle doit y fournir pour la construction. Enfin, comme elle a plus d'argent à envoyer en Autriche qu'elle n'en aurait à en recevoir, comme avec cet argent elle peut acheter une plus grande quantité de florins qu'elle n'en obtiendrait s'ils n'étaient pas dépréciés, il est naturel qu'elle porte cet excédant au crédit de son compte d'agio, compte qui, si nous ne nous trompons, se solde au 31 décembre 1861 par un crédit de plus de 9 millions.

« On fait à ce système si raisonnable deux objections. On prétend que le prix de toutes choses, salaires et objets de toute nature, doit avoir monté en Autriche dans la proportion de la dépréciation de la monnaie de papier, et que, par conséquent on ne peut considérer comme un bénéfice l'agio ou la différence entre le cours réel et le cours nominal du florin. L'on dit encore que, si ce bénéfice existait, il devrait profiter uniquement au capital, et que l'exploitation n'en devrait pas bénéficier indirectement.

« A la première de ces objections, les faits eux-mêmes ont répondu. Quelque surprenant que cela puisse paraître, le prix des choses et des services est loin de s'être accru, en Autriche, dans la proportion de la dépréciation du florin papier.

« Cela est si vrai que la Compagnie des chemins du sud-autrichien qui, avant la grande dépréciation survenue à la suite de la guerre de 1859, faisait fabriquer son matériel hors d'Autriche, a trouvé plus avantageux, depuis cette époque de faire ses commandes en Autriche même; cela est si vrai, que les personnes riches dans l'empire autrichien peuvent continuer à y séjourner sans rien changer aux conditions de leur existence, tandis qu'elles assurent elles-mêmes que les voyages à l'étranger les ruinent, car la conversion en monnaie étrangère de leurs revenus perçus en florins leur fait subir une perte considérable; cela est si vrai enfin que le dernier rapport de la Compagnie des chemins autrichiens le constate d'une façon qui doit fermer la bouche à nos contradicteurs. Ce rapport établit en effet que la perte sur l'agio, pour le produit net de l'exploitation, a été en 1861 de 1,863,000 florins en comparaison de l'année 1860, et de 3,557,000 florins par rapport au pair du change. Ce même rapport reconnaît en même temps que les frais d'exploitation n'ont augmenté d'une année à l'autre que de 1.85 pour 100. Or, si les prix des choses et des salaires s'étaient accrus en Autriche pour l'exploitation des chemins de fer dans la proportion de la dépréciation du florin, le pourcentage des frais d'exploitation eût éprouvé une augmentation telle, qu'il eût été impossible à la Compagnie des chemins autrichiens de donner un dividende et même de servir aux actions l'intégralité des intérêts.

« Quant à ceux qui prétendent qu'il eût été plus correct de ne faire aucune compensation, par un compte d'agio, entre le compte capital et le compte d'exploitation, de grossir le compte capital du bénéfice résultant du change, en laissant le compte d'exploitation subir, au détriment des actionnaires actuels, les effets de la dépréciation du florin, il y a plus d'une réponse à leur faire.

« Les statuts primitifs de la Compagnie des chemins sud-autrichiens admettaient que les versements appelés sur les actions fussent faits à Vienne en florins. Au moment où ces statuts avaient été rédigés, on regardait la reprise des payements en espèces à Vienne comme assurée et imminente. Les événements de 1859 déjouèrent bientôt cette espérance. La hausse des changes à Vienne en fut la conséquence immédiate; et comme les actionnaires pouvaient dès lors se libérer à Vienne des versements à des conditions qui leur étaient bien plus favorables que s'ils eussent payé à Paris, par exemple, en francs, il s'ensuivit pour la Compagnie une perte considérable sur les versements en cours d'exécution. Cet état de choses menaçait gravement l'avenir de la Compagnie et appelait un prompt remède. Aussi l'assemblée générale du 25 août 1859 s'empressa-t-elle de décider que les versements en argent seraient obligatoires. Par cette mesure, qui assurait le maintien du capital dans son intégrité, les actionnaires renonçaient à la faculté de libérer leurs actions à un prix très-inférieur à celui qui avait été prévu; cette renonciation appelait une compensation bien légitime : les actionnaires possédaient des lignes exploitées donnant des résultats importants. Au moment où ils consentaient, malgré les facilités que leur offraient les statuts primitifs, à s'acquitter en argent de la totalité de leurs engagements, ils étaient bien justifiés à percevoir en argent aussi les résultats partiels acquis à l'exploitation de leurs chemins.

« Qu'auraient-ils fait d'ailleurs en s'abstenant d'établir pour l'agio du change un compte de compensation entre l'établissement et l'exploitation? Ils auraient grossi annuellement jusqu'en 1868 le bénéfice du compte d'établissement en s'imposant, quant à la répartition des produits du compte d'exploitation, des sacrifices pénibles. En d'autres termes, ils auraient sacrifié injustement les associés les plus méritants d'une entreprise, ceux qui s'allient à ses débuts, aux actionnaires futurs. Qu'en 1868, par exemple, le florin fût remonté au pair, tous les bénéfices revenant au compte agio de la réalisation intégrale du capital se fussent accumulés au profit de ceux qui auraient détenu les actions en 1869, tandis que jusqu'à cette époque les actionnaires appelés à effectuer les versements eussent été privés du revenu légitime de leurs capitaux. Il y eût eu une immense disproportion, une saccade énorme entre les revenus des actions d'une année à l'autre. Une entreprise conduite avec intelligence et honnêteté ne pouvait livrer le sort de ses associés à de telles chances, à de semblables variations. Ce n'était donc que justice, lorsqu'on demandait aux actionnaires de rendre obligatoire le versement en argent, d'admettre que, par compensation, les dividendes réalisés pendant la période de construction seraient également payés en argent, c'est-à-dire qu'il ne serait tenu, pendant cette période, aucun compte du change ni en ce qui concerne les versements, ni en ce qui concerne les payements d'intérêts et de dividendes.

C'est grâce à cette sage méthode que les actionnaires des Lombards sont mis à l'abri de toute fluctuation violente et sont au contraire appelés à recueillir, par une progression sagement ménagée, les profits développés de leur entreprise. En 1868, il sera arrivé de deux choses l'une : ou bien d'ici à cette époque le florin autrichien sera revenu au pair, ou bien il continuera à subir une dépréciation. Dans le premier cas, les profits du compte agio seront acquis au compte d'établissement, comme le demandent nos adversaires; dans le second cas, ces profits viendront en atténuation des pertes résultant du change sur les produits de l'exploitation, maintiendront la continuité des dividendes, ou du moins en préviendront la brusque diminution.

« Il ne faut pas oublier, d'ailleurs, que la Compagnie des chemins sud-autrichiens ne borne point là sa prévoyance. Pour conjurer toutes les chances de l'avenir, elle s'est constitué une réserve imposante, qui s'élève déjà à 18 millions et qui est destinée à croître jusqu'en 1868. Quand on a pris de telles précautions dans l'intérêt présent et futur des capitaux associés à une grande entreprise, sans doute on n'est point à l'abri des chicanes de la malignité et de l'envie, mais on peut compter avec confiance sur l'approbation des hommes d'affaires éclairés et du public intelligent.

« Eugène Forcade. »

Ce même jour, le 28 juin, le *Journal des Chemins de fer* intervenait dans le débat.

Il venait évidemment au secours de son confrère fourvoyé, et essayait une tentative de conciliation qui devait avorter, parce qu'elle reposait sur une erreur de fait que nous avions crue involontaire.

Cette erreur, toute matérielle, consistait dans l'oubli d'une somme de près de 200 millions reçue en France et employée en Autriche à des travaux de construction par la Compagnie des chemins de fer autrichiens. Ledit journal renvoyait les deux Compagnies dos à dos en déclarant que si celle-ci n'avait pas imité les procédés de la Compagnie des chemins lombards, c'est qu'elle ne l'avait pas pu.

En vain nous avons invité cette feuille de la manière la plus courtoise à rectifier cette erreur : elle ne l'a pas fait.

Notre seule satisfaction sera dans la publication de cet article malheureux.

LES

SOCIÉTÉS AUTRICHIENNES ET LA QUESTION DU CHANGE

« Il s'est élevé dans ces derniers temps, entre quelques journaux financiers, un débat qui a pris un certain caractère d'aigreur, au sujet d'une question qui intéresse deux grandes sociétés de chemins de fer, la Société autrichienne I. R. P. des chemins de fer de l'État, et la Compagnie des chemins de fer du sud de l'Autriche, lombard-vénitiens et de l'Italie centrale.

« Voici le fond et l'occasion de ce débat :

« Les deux sociétés que nous venons de nommer se trouvent placées dans une situation particulière, à raison de leur exploitation, qui est en tout ou en partie autrichienne, tandis que leur capital a été placé en tout ou en partie en dehors du territoire de l'Autriche. Or, les difficultés intérieures et extérieures contre lesquelles l'empire d'Autriche a eu à se débattre depuis la révolution de 1848 produisent des perturbations si graves dans sa circulation monétaire que le florin papier, sa principale monnaie qui, au pair du change, vaut 40 florins 50 pour 100 francs, soit 2 fr. 50 c. le florin, s'est élevé successivement à 57 florins 50 p. 100, c'est-à-dire qu'en 1861 le florin papier ne valait plus en moyenne que 1 fr. 74 c. Il résulte de là que si une compagnie, fondée avec des capitaux français, a des payements à faire en Autriche, elle gagne la différence du change, puisque avec 1 fr. 74 c., monnaie française, elle peut se libérer en Autriche de 1 florin d'une valeur nominale de 2 fr. 50 c.; si, au contraire, elle a des payements à faire en France, elle perd la différence du change, puisque avec 1 florin autrichien d'une valeur nominale de 2 fr. 50 c., elle ne peut payer réellement en France que 1 fr. 74 c.

« Les deux sociétés de chemins de fer autrichiens, celle de la Société I. R. P. et celle du Sud-Autrichien-Lombard, ont deux fois par an des payements à faire hors du territoire autrichien pour les intérêts et dividendes de leurs actions et obligations. Elles y subviennent principalement avec le bénéfice de leurs recettes d'exploitation, recettes effectuées en florins. L'une de ces compagnies, la Société I.R.P., ne distribue que le produit effectif de ces recettes, déduction faite de la perte de change ; la seconde, le Sud-Autrichien-Lombard, distribue le montant total de ses recettes en florins, sans déduction de change.

« Ce sont là deux systèmes différents qui, sans doute, ont chacun leur raison d'être ; mais on a cherché à les opposer l'un à l'autre ; on a trouvé dans le système de la Compagnie I. R. P. la critique des opérations de la Compagnie Sud-Autrichien-Lombard et réciproquement. Nous croyons qu'on aurait fait plus sagement de s'abstenir de ces comparaisons, qui manquent d'exactitude parce qu'elles manquent d'équité.

« Si la Compagnie Sud-Autrichien-Lombard a pu distribuer intégralement le montant de ses bénéfices sans déduction de change, c'est grâce à une combinaison intelligente et habile, il est vrai, mais qui n'était possible qu'à elle et dont les éléments manquaient à la Compagnie I. R. P.

« En effet, le Sud-Autrichien-Lombard, ayant payé successivement en Autriche, pour prix d'acquisition de ses lignes, une somme de 143 millions et demi, et ayant encore à payer environ, d'ici à l'année 1868, 87 millions et demi, ensemble 231 millions environ, sur lesquels il bénéficie de la différence de change, a imaginé d'ouvrir un compte spécial appelé compte d'agio, au crédit duquel il porte le bénéfice de change sur les versements effectués par lui. Par contre, il porte au débit de ce même compte la différence de change entre le montant nominal de ses recettes en florins et leur valeur de conversion en francs ; en d'autres termes, il compense le bénéfice du change sur ses versements en Autriche avec la perte du change sur ses payements hors d'Autriche. Rien de plus naturel, rien de plus simple ; et un tel système ne soulèverait de critique qu'en cas où la perte sur le change des dividendes serait plus forte que le bénéfice sur les versements ; mais il n'en est pas ainsi, puisque le compte d'agio se trouvait, au 31 décembre dernier, en bénéfice de 9,199,055 fr. 45 c., et qu'il sera entretenu par les 87 millions et demi que la Compagnie doit encore payer pour le complément de son prix d'acquisition d'ici à l'année 1868. De plus, la réserve statuaire prélevée sur les bénéfices de l'exploitation atteint déjà 3,400,000 francs ; et l'on a créé, aux dépens des dividendes à distribuer, une réserve extraordinaire de 9,400,000 francs, qu'en y ajoutant les 9,200,000 francs, solde créditeur du compte agio, on a un ensemble de réserves montant à 22 millions, somme que le conseil d'administration a dû juger assez considérable pour suffire à toutes les éventualités.

« Il serait injuste de blâmer la Société I. R. P. de n'avoir pas adopté une combinaison analogue; il ne faut ni la blâmer ni l'en louer; elle ne l'a pas fait et elle ne pouvait pas le faire. Elle n'avait que trois années pour payer à l'État autrichien les 200 millions de francs, montant de son prix d'acquisition, et ce payement est effectué depuis l'année 1858. N'ayant plus rien à payer de France en Autriche, elle ne se trouve appelée, en aucun cas, à bénéficier de la différence de change, et par conséquent elle ne pouvait songer à créer un compte d'agio, puisqu'elle n'aurait jamais eu un centime à inscrire au crédit d'un tel compte; n'ayant aucune compensation à apporter à la perte que font subir à ses recettes leur conversion en francs, elle est bien obligée de laisser cette perte à la charge du compte-dividende. Encore une fois, la Société I. R. P. fait ce qu'elle peut, non ce qu'elle veut, et nous ne comprendrions pas qu'on lui reprochât les mécomptes qu'entraîne pour elle la situation embarrassée des finances autrichiennes, mécomptes dont il n'est pas en son pouvoir de contrebalancer les effets, comme l'a pu faire la Société du Sud-Autrichien-Lombard, à qui les événements ont créé une situation moins difficile.

« Il ne faut pas se dissimuler, en effet, que l'un des principaux avantages de la Société du Sud, c'est de ne plus être, depuis la paix de Zurich, une Société purement autrichienne; sur 2,122 kilomètres qu'elle exploite, 877 kilomètres sont en territoire vénitien, lombard ou centro-italien; sur les 3,052 kilomètres de sa concession totale, 1,166 sont placés hors des possessions autrichiennes proprement dites. Elle ne supporte donc pas, pour toutes les parties de son réseau, le poids des difficultés monétaires de l'Autriche; et de plus elle rencontre dans le gouvernement italien des dispositions bienveillantes qui lui permettent d'espérer tôt ou tard la réunion intime de toutes les parties italiennes de son réseau; tandis que la Compagnie I. R. P. rencontre de la part du gouvernement autrichien la plus regrettable résistance lorsqu'elle demande, en vertu de ses droits acquis et en invoquant des engagements formels, à prolonger sa ligne du sud-est jusqu'à Vienne, et à rendre son exploitation complétement indépendante de celle du Nord-Bahn.

« Telles sont les considérations dont il faut tenir compte, lorsqu'on veut apprécier sainement les actes de deux Compagnies également considérables, administrées l'une et l'autre par des hommes éminents, dont la capacité et le dévouement sont à la hauteur des intérêts qui leur sont confiés. Il nous semble que la presse financière avait un peu perdu ce point de vue, lorsqu'elle a discuté la question que nous venons d'exposer; car, nous le répétons, ce n'était pas le lieu d'opposer une conduite à l'autre et des noms propres à des noms propres. Chacun a fait son devoir, et la prospérité de la Compagnie Sud-Autrichien-Lombard ne doit pas rendre injuste envers la Société I. R. P., pas plus que les difficultés momentanées qui retardent l'essor de celle-ci ne justifieraient des insinuations chagrines contre une Compagnie plus favorisée.

« Du reste, cette discussion n'aura pas été inutile; elle a éclairci des points d'ordinaire peu accessibles au public, et elle a prouvé que de part et d'autre les intérêts des actionnaires étaient en bonnes mains.

« DE BIRAGUE. »

III

Désormais, après la réponse de la *Semaine financière*, la discussion change de face et se fortifie des aveux mêmes de ce journal. La question est mieux étudiée, le mystère est pénétré, et les faits deviennent précis et accablants.

Nous mettrons en tête de cette nouvelle série d'articles le dernier mot de l'*Industrie*, que nous pourrions appeler un jugement.

UN DERNIER MOT SUR LA COMPTABILITÉ
DES LOMBARDS ET DES AUTRICHIENS

« Un article de la *Semaine financière*, publié dans son numéro du 21 juin, nous oblige à revenir sur ce sujet. Il semblerait, à la lecture de cet article, que c'est gratuitement et sans provocation que nous aurions comparé le système de comptabilité de la Compagnie des Sud-Autriche-Lombards avec celui des chemins de fer autrichiens pour donner la préférence à ce dernier. Mais lorsque, dans son numéro du 17 mai, la *Semaine financière*, non contente de présenter comme un parfait modèle la manière de procéder de la Compagnie lombarde, en prenait occasion pour flétrir en termes presque injurieux ce qu'elle appelait une autre école; lorsque, bientôt après, elle indiquait assez clairement que si le dividende des chemins de fer autrichiens diminuait cette année, c'est qu'il avait été trop grossi l'année dernière, n'était-ce pas elle qui posait le parallèle des deux administrations? Qu'on ne vienne donc plus, par des procédés de style que personne n'a le droit d'employer, l'écrivain de talent moins que tout autre, qu'on ne vienne plus jeter à des contradicteurs sérieux et loyaux des imputations de chicane, de malignité et d'envie. Ces imputations, si elles pouvaient être à notre adresse, nous atteindraient en bonne compagnie, car plus d'un écho, on le reconnaît, nous a répondu parmi nos confrères. Ni eux ni nous ne sommes les séides ni les détracteurs de personne; mais nous voulons maintenir à l'égard de tous et de chacun la vérité et l'équité dans les appréciations.

« Si la Compagnie autrichienne, nous dit-on, n'applique pas le système de la Compagnie lombarde, c'est qu'elle ne le peut pas, n'ayant plus d'argent à envoyer en Autriche pour la construction, et, par conséquent, plus de bénéfice d'agio à faire de ce côté. Mais il y a eu un temps où elle le pouvait, où elle avait des remises importantes à opérer en Autriche pour son compte d'établissement et où l'agio lui profitait. Elle aurait pu alors mettre à part les bénéfices qui en résultaient et en composer une réserve spéciale pour alimenter, au besoin, les dividendes défaillants.

Elle ne l'a pas voulu et elle a bien fait. Elle a laissé ce profit au compte d'établissement, parce que, à ses yeux, de tels bénéfices ne formant, en grande partie du moins, que la compensation du surcroît de dépense occasionné par cette même dépréciation de la monnaie autrichienne, étaient plus apparents que réels ; parce que d'ailleurs c'étaient des bénéfices purement adventices et qui, par conséquent, devaient être affectés à contre-balancer les incidents imprévus qui pouvaient venir rendre la construction plus coûteuse.

« Mais, dit-on encore, l'augmentation du prix des choses et des services, c'est-à-dire la dépense des travaux, ne s'est pas accrue en Autriche dans la proportion de la dépréciation du florin de papier. Quand cela serait, il reste toujours avéré, de l'aveu même de nos adversaires, que cette augmentation s'est produite dans une certaine mesure, et qu'ainsi le bénéfice du compte agio de la Compagnie lombarde n'est, pour la part correspondante à cette augmentation, qu'apparent et fictif ; or, c'est intégralement qu'on a porté ce bénéfice, soit au crédit des comptes d'exploitation, par compensation avec la perte éprouvée sur les recettes, soit à la réserve extraordinaire constituée en dehors du compte d'établissement : chose fâcheuse, surtout si le prélèvement attribué aux administrateurs sur les bénéfices nets s'exerce sur les fonds dont on dispose ainsi.

« Quant aux considérations d'équité dont on voudrait s'autoriser pour préférer l'intérêt des actionnaires actuels, comme les plus méritants, à celui des actionnaires futurs, plaider ce moyen, c'est reconnaître qu'on croit pouvoir escompter au profit du présent un avenir dont on ne doute pas ; or, c'est là, ce nous semble, une théorie bien dangereuse.

« Lorsque l'on met ainsi le pied dans l'arbitraire, avec les meilleures intentions du monde on peut être conduit plus loin que l'on ne pense. Voilà pourquoi la séparation exacte des comptes d'établissement et d'exploitation est la règle fondamentale de la comptabilité des grandes entreprises. Dans nos chemins de fer français, on ne songerait jamais à s'écarter de ce principe tutélaire. Qu'ailleurs on ait cru pouvoir se montrer moins sévère, si les actionnaires et l'autorité supérieure l'approuvent, nous respectons leur décision. Que l'on explique même et que l'on justifie par des circonstances exceptionnelles cette dérogation aux vrais principes, soit encore ; mais, encore une fois, ce n'est pas une raison pour traiter de charlatans humanitaires ceux qui s'y conforment scrupuleusement.

« Th. Fabas. »

Viennent ensuite l'*Esprit public* et l'*Indépendance*.
Voici l'article de l'*Esprit public* :

CHEMINS DE FER LOMBARDS

« La *Semaine financière* a parlé enfin, et, ce qu'elle a été forcée de dire, loin d'atténuer les reproches graves qui ont été adressés à la Compagnie dont elle s'est constituée le champion, n'a fait que leur donner une sanction éclatante.

« Il est acquis aujourd'hui à la discussion que la Compagnie des chemins lombards a augmenté ses dividendes au détriment du compte de capital, et qu'elle a formé, par le même procédé, des réserves qui n'existent réellement pas.

« Il est acquis qu'elle a obtenu ce résultat en comptant arbitrairement comme valant 2 fr. 50 c. une monnaie dépréciée qui, d'après la *Semaine financière* elle-même, n'aurait valu que 1 fr. 80 c.

« C'est ainsi que, pour prendre un exemple, une somme de 12 millions de florins, formée des produits nets de l'exploitation en Autriche, aurait produit fictivement, au profit du compte de dividende, 30 millions de francs, au lieu de 21,600,000 francs. Partant, dans ce cas, le bénéfice indûment distribué aurait été de 8,400,000 francs, soit de 40 p. 100 environ en sus.

« De même pour le capital reçu en France, qui n'aurait été remis en Autriche que sous la déduction d'un *agio* de 35 à 40 p. 100 pour servir de réserve destinée à assurer le maintien des chiffres adoptés pour la base des dividendes.

« Arrière toutes ces arguties par lesquelles on cherche à faire ressortir l'existence de deux personnes dans l'individualité de l'administration de la Compagnie, chacune d'elles étant alternativement créancière et débitrice !

« La Compagnie est une, et tout ce qui est reçu pour son compte, en dehors du siége de son exploitation sur le capital, doit être remis intégralement, sans qu'on puisse en changer la destination, au cours réel des changes, et non à un cours fictif.

« Il ne peut y avoir à cela ni perte ni bénéfice, la somme reçue en francs produisant tout simplement ce qu'elle doit produire en florins, d'après le mouvement naturel des choses.

« Pareillement, toutes les sommes reçues en Autriche pour le compte de l'exploitation ne peuvent être comptées au dehors que pour la valeur qu'elles ont dans le pays, suivant la monnaie dans laquelle elles ont été payées.

« Comment faire admettre que des écus qui auraient été rognés pourraient reprendre toute leur valeur primitive par le seul fait d'une compensation qui, n'étant qu'une opération d'ordre, ne peut pas avoir pour effet de changer les conditions naturelles dans lesquelles elle doit avoir lieu, et de grever le compte d'établissement au profit du compte d'exploitation ?

« Il faut qu'on ait bien compté sur l'obscurité qui couvre ces opérations de change pour oser justifier une témérité aussi excessive que celle qui est reprochée à la Compagnie des chemins lombards.

« La *Semaine financière* essaye de prolonger cette obscurité, en prétendant, ce qui ne ferait du reste rien à la question, que la valeur des choses n'a pas changé en Autriche.

« S'il en était ainsi, un champ de bénéfices très-large aurait été ouvert à la spéculation, et il aurait suffi de changer des francs en florins pour faire produire à ses capitaux 35 à 40 p. 100 de bénéfice. — Pareille opération de change a été faite par les négociants qui, l'année dernière, se sont livrés sur une grande échelle à des importations de blés de Hongrie, et, s'il est vrai que le prix des blés ne se soit pas élevé en raison de la dépréciation de la monnaie autrichienne, ces négociants auraient dû, en dehors des bénéfices ordinaires de leur commerce, réaliser, comme la Compagnie lombarde, un bénéfice extraordinaire de 35 à 40 p. 100 ; car, comme elle, ils ont changé leur argent français contre de l'argent autrichien, et nous ne supposons pas qu'ils aient payé 2 fr. 50 c. la monnaie qu'ils pouvaient obtenir à 1 fr. 61 c. ou à 1 fr. 80 centimes.

« Nous avons quelque raison de croire que les choses ne se sont pas passées de cette manière, et nous demanderons alors si la Compagnie lombarde peut procéder autrement que de simples particuliers, s'il y a un droit spécial à son usage exclusif.

« Mais, nous dira-t-on, quelle est la conclusion pratique de cette polémique ? Les actionnaires ont-ils perdu quelque chose au système adopté par la Compagnie, et n'ont-ils pas touché, à titre de dividende, le bénéfice d'*agio* que vous qualifiez de fictif, d'imaginaire ? En est-il resté quelques parcelles entre les mains de l'administration ?

« Dès lors, à quoi bon tout ce bruit ? Passons donc l'éponge sur un système que vous trouvez vicieux et que d'autres trouvent bon. Les opinions ne sont-elles pas libres ?

« Nous convenons de tous ces faits. Les actionnaires ont bien touché, en dividendes, les sommes prises sur le compte *agio*, sauf, toutefois, pour le dire en passant, la part des administrateurs, prélevée d'avance sur la portion de la *réserve des bénéfices non distribués.*

« Mais est-il indifférent qu'une administration distribue des dividendes qui seraient pris sur son capital, et puisse donner ainsi à ses actions une valeur supérieure à celle qu'elles auraient eue si les choses s'étaient passées régulièrement ?

« Jusqu'ici ceux qui ont eu à prononcer sur cette question n'ont pas été de cet avis, et nous avouons que nous partageons cette manière de voir.

« Nous sommes même convaincu qu'il se trouve dans le sein du Conseil d'administration des chemins lombards plus d'un administrateur qui, partageant notre opinion, serait disposé à repousser la responsabilité que fait peser sur la Compagnie un système de comptabilité qui conduit aux résultats signalés par presque tous les organes de la presse financière ; nous ne pouvons dire tous encore, parce qu'il en est, un petit nombre à la vérité, qui ont attendu la suite du débat avant d'y prendre part.

« Néanmoins, nul ne peut se dispenser aujourd'hui de se prononcer sur une question qui préoccupe vivement le monde financier, et qui ne peut avoir d'autre solution que celle d'un retour à un ordre de choses régulier, quelle que soit l'énergie des moyens à employer dans ce but par la Compagnie elle-même, mieux renseignée sur les dangers de la voie dans laquelle on l'a engagée.

« H. Edwards. »

Voici celui de l'*Indépendance*, sur le même sujet :

« Je vous ai promis, dans ma dernière correspondance, de vous tenir au courant de la polémique qui s'est engagée entre divers journaux financiers au sujet des procédés de comptabilité de la Compagnie des chemins de fer lombards. Comme je le présumais, la *Semaine financière* a répondu aux attaques de l'*Industrie* et de divers autres journaux spéciaux, et, en narrateur impartial et complétement désin-

.téressé dans ce débat, je dois avouer qu'il semble ressortir de cette réponse l'aveu des faits qui ont été reprochés; la *Semaine financière* cherche seulement à les expliquer et à les justifier.

« Ainsi elle ne nie pas que la Compagnie ait profité de la dépréciation du papier-monnaie autrichien pour prendre sur son capital une somme égale au montant de la dépréciation du florin, et de l'ajouter aux produits nets de son exploitation, ni que ce soit par ce moyen qu'elle ait augmenté ses dividendes et formé une réserve, dont le chiffre très-élevé n'est, en réalité, qu'un démembrement du compte de capital : mais la feuille financière repousse toute analogie entre les procédés de la Compagnie lombarde et le système contraire suivi par la Société des chemins autrichiens, par la raison que cette Société, ayant terminé ses travaux et épuisé son capital, est obligée de faire passer effectivement des fonds en France pour payer les intérêts et les dividendes de ses actions et de ses obligations, et que, dès lors, ne pouvant pas établir de compensation, comme la Compagnie lombarde, avec les sommes dont celle-ci dispose à Paris, elle doit donner, en échange des francs qu'elle est tenue d'acheter, des florins à leur cours réel et non au cours nominal, comm le fait l'autre Compagnie.

« A cela ses contradicteurs répondent que toutes les actions et obligations de la Société des chemins de fer autrichiens ont été négociées en France, et que le pro— duit a été converti en florins pour être envoyé en Autriche, et a servi également à faire le service des payements des intérêts et dividendes par voie de compensation avec les fonds provenant de l'exploitation des chemins autrichiens; que, par consé— quent, la Société autrichienne, s'étant trouvée dans les mêmes conditions, était par- faitement fondée à agir comme la Compagnie lombarde ; que, comme celle-ci, elle aurait pu créer un compte d'*agio* fictif aux dépens du capital pour servir à grossir ses dividendes, et que, si elle ne l'a pas fait, c'est qu'elle n'a pas cru, sans doute, qu'elle pût en agir ainsi.

« La *Semaine financière* reconnaît qu'il n'y aurait pas lieu à prélever cet *agio* sur le capital, et qu'il faudrait, comme le demandent ses contradicteurs, consacrer en- tièrement à la construction le chiffre de florins obtenus avec les sommes recueillies en France sur les actions et sur les obligations, si le prix de toutes choses avait réel- lement augmenté en Autriche, comme on le prétend, par suite de la dépréciation du papier-monnaie; mais elle nie cette élévation des prix.

« Sans vouloir intervenir personnellement dans ce débat, et tout en me bornant à le résumer, je dois dire que cette dénégation de la *Semaine financière* me paraît peu soutenable. Il n'est personne qui ne sache qu'en Autriche le prix de toutes choses a subi une augmentation très-réelle, et à peu près proportionnelle à la dé- préciation du papier-monnaie. C'est là un fait constant. La *Semaine financière*, en se bornant à le nier pour défendre sa cause, me semble donner beau jeu à l'*In- dustrie*, au *Journal des Actionnaires* et à l'*Esprit public*, qui reviennent aujour- d'hui sur cette affaire, dont on continue à s'occuper à la Bourse. C'est ce qui m'a engagé à vous en entretenir de nouveau. »

Quant à nous, entré tardivement dans le débat, nous étions loin encore d'avoir rempli notre tâche. Nous avions eu d'ailleurs le temps de mieux apprécier la gravité des faits inculpés, et nous continuâmes la discussion par la publication de l'article suivant dans le *Journal des Actionnaires* du 28 juin :

LES CHEMINS LOMBARDS

(TROISIÈME ARTICLE)

« La *Semaine financière*, contrainte de répondre aux interpellations unanimes de la presse financière et de certains organes de la presse politique, a dû confesser les actes graves qui étaient reprochés à ses patrons. Mais cet aveu, inévitable devant l'évidence des faits, est accompagné de justifications et d'apologies que nous devons apprécier.

« Il est aujourd'hui bien constaté que la Compagnie des chemins lombards, ne se bornant pas à distribuer le produit net de l'exploitation de ses lignes, a augmenté ses dividendes au moyen d'un prélèvement direct sur le capital destiné à la construction.

« Nous avons expliqué le mécanisme qui a pu autoriser un pareil prélèvement.

« Ce mécanisme, c'est la fiction par laquelle le florin a été supposé valoir 2 fr. 50 c., lorsque en réalité il ne valait que 1 fr. 72 c. Tout le capital, recueilli en France par les versements effectués sur les actions ou par des négociations d'obligations, a été calculé en florins sur le pied de 2 fr. 50 c., soit qu'on l'ait remis effectivement en Autriche, soit qu'on ait compensé les sommes reçues en France avec celles provenant des recettes des chemins exploités.

« Mais comme la valeur du florin n'était que de 1 fr. 72 c. en moyenne, comme on ne l'achetait qu'à ce prix et qu'on le portait en compte à 2 fr. 50 c., on a naturellement dépensé une somme inférieure au capital reçu en France pour faire passer ce capital en Autriche; la différence a été portée à un compte d'*agio*, de *réserve* ou de bénéfice latent, dans lequel on a puisé jusqu'ici et où on puise encore ce qui est nécessaire pour porter les dividendes au chiffre voulu.

« La *Semaine financière* reconnaît le fait, mais déclare qu'on ne doit porter au compte de la construction en Autriche que des florins au cours nominal, et qu'il est loisible à la Compagnie de disposer du surplus en faveur du compte d'exploitation.

« Cette feuille invoque d'ailleurs le principe de la compensation qui doit s'établir, à l'aide des fonds reçus en monnaie française, entre les recettes de l'exploitation effectuées en florins et le montant des intérêts et des dividendes à payer en francs, et elle ne voit aucun mal à ce que cette compensation ait lieu sur le pied du florin calculé à 2 fr. 50 c., bien que sa valeur réelle soit inférieure à ce chiffre.

« Elle prétend encore que, malgré la dépréciation du papier-monnaie autrichien, les prix des salaires ou des marchandises en général n'ont aucunement varié, et qu'on continue à donner, contre une monnaie qui ne vaut que 1 fr. 72 c., la même quantité de travail que si cette monnaie valait 2 fr. 50 c.

« Elle termine enfin par une touchante élégie en faveur de malheureux actionnaires qui ne peuvent voir ajourner leurs espérances jusqu'au moment où leurs lignes seront en plein produit, et consentir à sacrifier ainsi le présent à l'avenir.

« Telle est la substance exacte du plaidoyer de la Semaine financière.

« Il est à peine nécessaire de démontrer que le produit des actions et des obligations, qui forme le capital de la Compagnie, doit être intégralement consacré à la construction, et que, sauf les intérêts dont le prélèvement sur le capital est spécialement autorisé par les statuts, aucune portion ne peut, sous un prétexte quelconque, en être distraite pour être distribuée à titre de bénéfices. Ceci est élémentaire; ce sont des notions de droit et de morale vulgaires que, pas plus que nous, nos contradicteurs ne voudraient méconnaître; il serait trop facile autrement de présenter les affaires sous un aspect trompeur et d'aboutir ainsi à la ruine par un chemin semé de fleurs. C'est ce que notre jurisprudence condamne, à juste titre, sévèrement.

« Ces prémisses étant posées, on ne saurait tourner la difficulté par une question de change, et il tombe sous le sens que les sommes reçues en France ne peuvent être calculées en florins qu'au cours réel et non au cours nominal, afin de conserver au capital toute son intégrité; s'il résulte du mode que nous croyons seul praticable une somme de florins supérieure à celle qu'on aurait reçue par celui qu'a adopté la Compagnie, il se produira de deux choses l'une :

« Ou le prix du travail aura monté dans la proportion de la dépréciation du papier, et alors, quel que soit le nombre de florins obtenus par la conversion des sommes reçues en francs, la situation de la Société ne sera pas changée; elle restera la même, en effet, puisque l'augmentation de la quantité de florins sera compensée exactement par l'élévation des prix de toutes choses;

« Ou bien le prix des salaires et des matériaux n'aura pas varié, suivant la singulière théorie de la Semaine financière, et la Société aura pu réaliser une économie sur ses dépenses de construction, puisqu'elle aura reçu une plus forte somme en florins sans être obligée de dépenser davantage; son capital pourra alors ne pas atteindre le chiffre prévu, et, par suite, ses charges d'intérêts se trouveront diminuées d'autant.

« En aucun cas, il ne pourrait être question de considérer comme un bénéfice distribuable sous forme de dividendes une somme qui ne serait le produit d'aucun travail et qui, étant entièrement prélevée sur le capital, ne résulterait que d'une différence de convention entre le cours nominal du florin et son cours réel.

« Un pareil système ne serait excusable à aucun point de vue.

« En un mot, la somme reçue en francs pour le montant du capital doit être intégralement représentée par une somme correspondante de florins au cours réel.

« Il n'est pas davantage admissible qu'une société puisse être autorisée à calculer en francs des recettes d'exploitation effectuées en florins sur le pied de 2 fr. 50 c., lorsque ces florins ne valent réellement que 1 fr. 72 c.; ce qui lui permettrait, par exemple, de porter de 17 millions de francs à 25 millions un produit net de 10 millions de florins, soit 47 p. 100 en sus du bénéfice réellement obtenu.

« Voilà cependant ce qui a eu lieu et ce que nous sommes forcés de qualifier sévèrement.

« En vain dira-t-on que puisqu'on possède en France des fonds provenant de la négociation des actions et des obligations, lesquels sont destinés à des dépenses de construction en Autriche, et que, par contre, on possède en Autriche des fonds provenant de l'exploitation et destinés au payement en France des sommes qui y sont dues pour les intérêts et les dividendes des actions et des obligations, la compensation entre ces sommes est de droit, qu'elle est naturelle et légitime.

« Nous reconnaissons, en effet, que cette compensation est naturelle, légitime, indispensable même, pour éviter des mouvements de fonds en sens contraire et économiser les frais de commission, de courtage et autres qui en seraient la conséquence; mais cette compensation, bien et dûment légitime à ce titre, peut-elle servir de prétexte à la réalisation d'un bénéfice illégitime, par la manière dont cette compensation serait opérée?

« C'est ce que nous ne saurions admettre.

« Le compte de capital et le compte de l'exploitation sont et doivent rester entièrement distincts; nulle compensation ne doit s'opérer entre ces deux comptes à des conditions différentes de celles qui auraient été obtenues, si d'un côté les fonds destinés au capital avaient servi à acheter des florins pour être envoyés effectivement en Autriche, et si, d'un autre côté, les fonds provenant de l'exploitation avaient été employés à acheter des francs pour être envoyés en France, et ces conditions ne peuvent être autres que le cours réel de 1 fr. 72 c. et non le cours nominal et *arbitraire* de 2 fr. 50 c., car nous avons établi, dans notre dernier article, que le pair du florin n'est pas de 2 fr. 50 c., mais bien de 2 fr. 469.

« Hors de ces principes, il n'y aurait que fiction et arbitraire, il n'y aurait que l'emploi de moyens qui pourraient bien servir à élever le cours des actions d'une entreprise au-dessus de leur valeur réelle, mais dont le résultat final serait gros de déceptions.

« L'exemple de la Compagnie des chemins autrichiens, dont on voudrait repousser l'analogie, vient à l'appui des règles que nous venons de poser, puisque cette Compagnie s'est trouvée dans une position absolument identique à celle de la Compagnie lombarde. En effet, n'a-t-elle pas levé tout son capital à l'étranger, et ce capital, versé en francs, n'a-t-il pas été converti en florins pour être employé en Autriche aux dépenses de la construction, sauf la portion destinée au payement des intérêts et dividendes, et pour laquelle on a pu faire également compensation avec les recettes des chemins exploités?

« Quel change a-t-elle adopté pour ces opérations?

« Il paraît certain qu'elle a adopté le cours réel invariablement. C'est le seul qui, suivant l'*Industrie*, ait servi au règlement de chaque compte, de celui du capital comme de celui de l'exploitation. Si cette Compagnie avait voulu procéder comme celle des Chemins lombards, elle aurait eu aussi beau jeu qu'elle, et la dépréciation du change lui aurait laissé une belle marge pour distribuer de beaux dividendes et pousser à la hausse de ses actions; elle aussi, comme la Compagnie lombarde, aurait pu ouvrir un compte d'*agio* pour emmagasiner de prétendus bénéfices, et ce compte aurait présenté une réserve très-respectable, très-puissante, qui lui aurait permis non-seulement d'améliorer ses dividendes pour le passé, mais de maintenir ses bénéfices à un chiffre très-élevé dans les crises financières qu'a traversées l'empire autrichien.

« Cela eût-il été honnête? Nous laissons à nos lecteurs le soin de répondre; mais nous ne pouvons nous empêcher de féliciter cette Compagnie de n'être pas entrée dans cette voie, au risque d'exciter momentanément quelques plaintes de la part de ses actionnaires. Elle retrouvera, dans l'avenir, le dédommagement de sa loyale conduite.

« Ceci nous ramène à l'élégie qui termine l'article auquel nous répondons.

« Nous trouvons parfaitement bon qu'une Compagnie ne capitalise pas ses revenus, et que par des emprunts sagement combinés elle répartisse les charges de la construction sur toute la durée de sa concession; c'est ce qu'on appelle, à bon droit, ne pas sacrifier le présent à l'avenir; mais ce que nous ne saurions admettre, c'est qu'on sacrifie l'avenir au présent en prélevant indûment des bénéfices sur le capital, et en aggravant les dépenses de la construction par des charges qui lui sont étrangères.

« Ce dernier moyen a surtout l'inconvénient de laisser croire à des bénéfices qui sont purement imaginaires, et d'élever le cours des actions d'une entreprise au-dessus de leur valeur réelle. Pour un avantage illusoire, car il est compensé par le prix de l'action, l'actionnaire de bonne foi peut ainsi se trouver exposé, dans un temps donné, à perdre une partie de son capital.

« On voit que le système suivi par la Compagnie lombarde devait produire des résultats d'autant plus merveilleux, que la dépréciation du florin était plus forte; c'est ainsi que, si la dépréciation du papier-monnaie autrichien avait augmenté, on aurait pu facilement doubler les dividendes en faisant, à la vérité, subir au capital une diminution correspondante.

« Les choses ne sont pas allées jusque-là, heureusement pour les actionnaires, dont le bonheur aurait été trop grand. Toutefois les bénéfices obtenus par le procédé lombard ont été au-delà du point où la Compagnie jugeait prudent de les arrêter; le mécanisme a si bien fonctionné, qu'elle n'a pas cru, en effet, devoir distribuer aux actionnaires la totalité des résultats obtenus par cette féconde dépréciation. De là sont nés presque exclusivement deux des chapitres de cette *puissante réserve* qui, avec le compte agio, s'élève à 22 millions.

« Mais ces bénéfices qu'on n'a pas voulu donner intégralement aux actionnaires, parce qu'on les a trouvés excessifs, ont cependant servi de base au prélèvement de la portion afférente aux administrateurs, car l'excédant mis à la réserve n'y est passé qu'après avoir diminué du tantième des bénéfices leur revenant.

« Nous avons annoncé dans notre dernier article que nos critiques ne se borneraient malheureusement pas à celles que nous venons d'exposer; mais nous y reviendrons dans notre prochain numéro.

« Nous calculerons alors, d'après les seules données que nous fournissent les comptes publiés, comptes nécessairement très-succincts, la quotité du dividende qu'on aurait été sérieusement en droit de distribuer, celui qui a été donné ne pouvant réellement pas supporter l'examen du comptable le moins habile.

« Pour le moment nous ne pouvons que nous résumer ainsi :

« Si la question soulevée par l'initiative de l'*Industrie* était résolue dans le sens adopté par la Compagnie des chemins lombards, la Compagnie des chemins autrichiens serait en droit de rectifier ses comptes et de créer un compte d'agio dans lequel devrait être portée toute la différence entre le cours moyen de 2 fr. 16 c., auquel les francs qu'elle a reçus pour le montant de ses actions et de ses obligations ont été convertis en florins, et le cours nominal de 2 fr. 50 c. auquel ils auraient dû être comptés. Dans ce cas, nous garantirions aux actionnaires de cette entreprise un dividende de

10 pour 100 au moins pendant une longue série d'années; mais comme cela ne pourrait être obtenu qu'aux dépens du capital, il est de notre devoir de les prévenir que la Compagnie devrait rouvrir immédiatement son grand livre, sauf à faire plus tard son compte définitif.

« Si, au contraire, c'était, comme nous le croyons, la solution de la Compagnie des chemins autrichiens qui dût prévaloir, la Compagnie des chemins lombards ne pourrait se dispenser de revenir sur ce qui a été fait, d'effacer ses réserves pour les restituer au compte de capital, et de reprendre sur les bénéfices futurs ceux qui auraient été indûment répartis.

« Ce serait dur, assurément, mais nous ne verrions pas d'autre issue pour sortir d'une position que ne voudront pas accepter, nous en sommes certain, des administrateurs honorables, mieux éclairés sur les conséquences d'une comptabilité qui a été établie sur des bases radicalement erronées. »

En réunissant, comme nous le faisons, tout ce qui a été dit jusqu'à ce jour par la presse financière dans une question qui intéresse deux grandes compagnies de chemins de fer, nous avons obéi à un sentiment de loyauté qui exige que l'on fasse passer sous les yeux du juge — et le juge ici c'est le public — toutes les pièces du procès. Nous avons voulu aussi que ce juge fût à même de faire remonter vers qui de droit la responsabilité de la polémique; il nous a semblé utile de montrer de quel côté étaient les « formes trop acerbes » relevées par le *Crédit public*, et le « certain caractère d'aigreur « remarqué par le *Journal des Chemins de fer*.

On a pu voir que, dans toute cette discussion, nous avons sans cesse cherché à nous maintenir dans ce « ton digne et sobre » si fort admiré par la *Semaine financière* dans le rapport de la Compagnie lombarde, et malheureusement si peu imité par ce journal, comme on a pu s'en convaincre. Nous avons toujours été d'avis que la rigidité des principes n'est pas exclusive de l'urbanité. Aussi avons-nous cru devoir faire précéder notre quatrième article d'une sorte de profession de foi qui fît bien comprendre que, tout en ne craignant pas d'aller jusqu'au bout dans le redressement des abus, nous étions, Dieu merci, exempt de toute prévention favorable ou défavorable, de parti pris, en un mot, dans le grave débat agité devant le public au sujet des chemins lombards.

Voici, au surplus, cet article tel que nous le publiâmes dans le *Journal des Actionnaires* du 5 juillet :

LES CHEMINS LOMBARDS

(QUATRIÈME ARTICLE)

« En intervenant dans le débat soulevé, si malencontreusement pour ses amis, par la *Semaine financière*, on nous rendra cette justice que nous nous sommes attaché exclusivement aux faits et que nous avons laissé de côté toute question de personnes.

« En cela nous avons suivi la voie qu'avait si bien tracée le journal l'*Industrie*, lorsqu'il ouvrit cette discussion à laquelle nous ne pouvions demeurer étranger.

« La presse financière ne pourra obtenir en effet une sérieuse influence qu'à la condition de ne jamais devenir une arme à la disposition de certaines coteries, un instrument au service de quelques intérêts puissants. Quant à nous, prêchant d'exemple, nous n'hésitons pas à déclarer que nous n'avons aucun intérêt contraire à la prospérité de la Compagnie des chemins lombards, que nous ne sommes mu par aucun sentiment de jalousie, et que nous n'avons entendu attaquer ni défendre qui que ce soit ; nous n'avons aucun goût du reste pour continuer sous une autre forme le rôle humilié que jouaient autrefois les avocats entre les jambes des vieux barons ; nous n'avons vu qu'une question de moralité commerciale ou industrielle à étudier, à éclaircir ; et nous sommes de ceux qui ne craignent pas d'aller jusqu'au bout dans le redressement des abus, parce que nous sommes convaincu qu'il importe essentiellement à l'honneur du travail, au développement de la confiance, à la consolidation du crédit que l'industrie ne puisse pas plus être soupçonnée que la femme de César.

« Nous ne doutons pas que nos adversaires ne puissent faire la même déclaration et dire, comme nous le disons, qu'ils n'avaient aucun intérêt à exalter une entreprise au détriment de telle autre[1]. Mais, par ce temps de discussions souvent intéressées, de dénigrements parfois systématiques, il n'est pas inutile de prémunir le lecteur contre toute idée de prévention favorable

---

[1] Toutefois nous devons à la vérité de rappeler que la *Semaine financière* du 17 mai 1862, contenait cette appréciation prophétique :

« Le Lombard a eu, cette semaine, une assemblée générale qui n'a été qu'une longue acclamation, une ovation méritée pour ses administrateurs. Tous ceux qui liront le rapport avec désintéressement comprendront difficilement que les actions puissent rester, nous ne disons pas au-dessous de 600 francs, — *elles n'y seront plus dans deux jours* — mais au-dessous de 700 francs. »

ou défavorable, de parti pris, en un mot, dans le grave débat qui s'agite en ce moment devant le public au sujet des chemins lombards.

« Ceci dit, nous entrons en matière, et nous reprenons la question au point où nous l'avons laissée.

« On a pu voir, par notre dernier article, qu'il ne s'agissait pas d'une simple discussion de comptabilité, digne tout au plus d'occuper les loisirs de quelques hommes spéciaux, et on a pu démêler, à travers ces mystères du change difficiles à pénétrer, que la question débattue était vitale, qu'elle intéressait la fortune et l'avenir d'un grand nombre de familles.

« Nous allons le prouver en sortant de la discussion générale pour entrer dans le domaine des faits, et en procédant, chiffres en mains, à la démonstration de ce qui a été avancé.

« Nous avons dit que la Compagnie des chemins lombards, profitant de la circonstance de la dépréciation du papier-monnaie autrichien, avait puisé une partie de ses bénéfices à une autre source que celle du produit de l'exploitation de ses lignes, et que le capital, c'est-à-dire l'argent provenant des actions et des obligations, en avait fait exclusivement les frais.

« En effet, en jetant les yeux sur le bilan de la Société, sur son compte d'établissement, il est facile de reconnaître que le système adopté s'est traduit par l'augmentation de divers chapitres relatifs, soit à l'achat des lignes anciennes, soit à la construction de lignes nouvelles, au profit d'un compte *agio*, à l'aide duquel on a pu fixer arbitrairement le taux des dividendes et le chiffre des réserves qui ne sont que des dividendes ajournés.

« Il y a plus ; non-seulement les dépenses faites et soldées avec une monnaie d'une valeur inférieure à 2 fr. sont censées avoir été payées avec une monnaie valant invariablement 2 fr. 50 c.; mais celles qui ne sont pas encore faites, et qui ne seront soldées que dans quelques années, sont réglées de la même manière, au risque de voir disparaître le bénéfice produit par ce fameux compte *agio* dans le cas où les choses, venant à changer de face, le florin remonterait à 2 fr. 50 c.

« Ainsi la Compagnie se trouve en présence de deux natures de dépenses : celles relatives aux travaux de construction qui s'effectuent par ses soins, et celles relatives au prix d'acquisition des lignes qui lui ont été cédées.

« Les dépenses de construction suivent à peu près, quoi qu'on en dise, le cours du papier, et il ne peut, il ne doit pas y avoir de bénéfice de ce chef. La Compagnie ne peut pas se trouver, sous ce rapport, dans une position différente de celle d'un particulier, et il ne viendra assurément à l'esprit de personne de penser que les négociants étrangers qui ont eu à opérer des achats en Autriche aient pu réaliser, en dehors de leurs profits ordinaires, des bénéfices égaux au montant de la dépréciation du papier-monnaie autrichien, c'est-à-dire de 40 à 47 pour 100. Si les choses pouvaient se passer ainsi, la concurrence ne tarderait pas à rétablir le taux normal des bénéfices du commerce.

« Le cas est différent pour les lignes achetées par la Compagnie avant la grande dépréciation de la monnaie, et dont le payement a été stipulé en florins.

« Nous ne contestons nullement qu'ici l'état actuel du change ne soit une chose favorable à la Compagnie, puisque le débiteur peut se libérer avec une monnaie dépréciée ; mais ce que nous nions, dans ce cas tout exceptionnel, c'est qu'il y ait là autre chose qu'une économie dans le capital à dépenser par la Compagnie, économie qui devra produire, d'une manière permanente, une réduction dans les charges d'intérêts, et nous protestons contre l'emploi immédiat de cette différence sur le capital, sous forme de dividende ou de réserve.

« Bien que notre opinion soit très-ferme à cet égard, nous admettrons cependant que ce point puisse être matière à discussion ; mais on ne s'en est pas tenu là ; on va le voir :

« Le chemin de Trieste a été acquis de l'État par la Compagnie au prix de 100 millions de florins.

« Sur ce prix, 70 millions sont payables successivement dans une période de neuf années, sans intérêts.

« Le premier payement, qui était de 10 millions de florins, a commencé le 1er novembre 1858, et le dernier aura lieu le 1er novembre 1866.

« Quant aux 30 millions restant, le payement doit en être effectué au moyen d'un prélèvement de moitié, à partir de l'exercice de 1870, sur l'excédant des produits nets au-dessus de 7 pour 100 du compte d'établissement.

« Cette position faite à la Compagnie pendant les premières années était, comme on le voit, extrêmement favorable, puisque n'ayant pas encore à exploiter la mauvaise partie de ses lignes, elle se trouvait, au moyen du versement d'un simple à-compte du dixième du prix d'achat, en possession de la totalité des produits de la ligne la plus productive de son réseau. Elle a pu ainsi, dans la première année de sa concession, réaliser sur la ligne de Trieste un revenu presque égal au capital payé, sans que ces avantages fussent atténués, soit par les lignes en construction moins favorablement situées, soit par celles dont les revenus, insuffisants pour couvrir l'intérêt à 5 pour 100, n'entrent pas jusqu'ici en ligne de compte.

« Cette situation était, comme nous le disions, assez favorable, et la Compagnie devait trouver là un escompte suffisant des promesses de l'avenir. Aussi n'est-ce pas sans une vive surprise que nous avons pu constater, dans les comptes de l'exercice 1861, qu'on s'était empressé d'ajouter aux bénéfices (dividendes et réserves réunis), en dehors de l'agio prélevé sur les dépenses de construction, cette même différence de convention entre la valeur réelle du florin et sa valeur nominale, non-seulement sur les à-compte payés à l'État, mais encore sur les *sommes non encore payées* et qui ne seront exigibles que dans les années 1862, 1863, 1864, 1865 et 1866.

« Ainsi, sur le bilan de la Compagnie, au 31 décembre 1861, on voit figurer au débit, à l'actif, le prix total d'acquisition de la ligne de Trieste pour les 175 millions de francs représentant, au cours de 2 fr. 50 c., les 70 millions de florins à payer effectivement jusqu'en 1866, et sur lesquels il n'y a encore de payé que 32 millions de florins, tandis que, par contre, au crédit, au passif du même bilan, les 38 millions de florins restant dus à l'État ne figurent que pour la somme de 72,184,716 fr. 90 c., calculée d'après le cours réel du change, au lieu de figurer comme au débit, au cours de convention de 2 fr. 50 c., pour la somme de 95 millions.

« Cela indique qu'il y a eu un bénéfice de près de 23 millions porté d'avance au compte *agio* sur des sommes qui, n'étant exigibles que dans une période de cinq années, seront probablement soldées à des conditions plus onéreuses pour la Compagnie. Mais le compte *agio* n'a plus, à son crédit, que 9,199,055 fr. 45 c.; on a donc distribué d'avance ou mis en réserve l'excédant ; et si, par une suite de circonstances qui ne sont pas improbables, le change avec l'Autriche venait à s'améliorer au point que le florin remontât à 2 fr. 50 c. (il est aujourd'hui à 1 fr. 95 c.), nous demandons comment, la source de ces bénéfices d'*agio* étant tarie, on pourrait réintégrer la somme de 23 millions de francs dont on a déjà disposé?..... Toutes les réserves de la compagnie n'y suffiraient pas.

« La prospérité de l'Autriche mettrait ainsi la Compagnie dans une position très-fausse et très-difficile ; mais on en serait quitte pour revenir à un système déjà mis en pratique.

« Le compte *agio*, cette habile combinaison, sert bien en effet à augmenter les bénéfices, mais en aucun cas il ne doit les diminuer.

« C'est ainsi qu'au 31 décembre 1859, il présentait non un bénéfice, mais une perte de 4,176,331 fr. 42 c. (voir le bilan de la Compagnie), et cette même année on n'en a pas moins compté les recettes en florins à 2 fr. 50 c.

« A défaut de bénéfices qui n'existaient pas encore, on escomptait le système qu'on allait inaugurer et dont l'application devait être si largement exploitée.

« Nous en avons dit assez sur le compte d'établissement, compte grossi, comme on vient de le voir, de l'*agio sur les dépenses faites et à faire.*

« Passons maintenant au compte d'exploitation ; prenons le plus récent, celui de l'exercice dernier, et examinons les résultats présentés.

« Au 31 décembre 1861, la situation des bénéfices de la Compagnie était résumée ainsi dans le rapport présenté à l'assemblée générale des actionnaires, tenue le 12 mai dernier à Paris.

« Produit net de l'exploitation,   58.740.042 67
« Produit des placements de fonds,   1.707.385 60

                                                     40.447.427 27

    « A déduire :
« Intérêts et amortissements
des emprunts. 11.361.077 50
    « D'où à retrancher :
« Intérêts des lignes en construction ou en exploitation
partielle. 6.608.076 30
                                    _____
                                    4.755.001 20
    « Frais généraux et impôts
divers. 1.213.734 93   5.966.736 13

                                                     34.480.692 14
« Intérêts à 5 pour 100 de 750,000 actions,   14.685.000 »
                                                     _____
                          « Bénéfice net,   19.795.692 14
  « A prélever encore :
« 5 pour 100 pour les admi-
nistrateurs et chefs de service,   989.784 60
« 5 pour 100 pour la réserve,   989.784 61   1.979.569 21

                          « Reste disponible,   17.816.122 93

    « Soit 23 75 de dividende possible.
  « A ajouter 19 58 d'intérêts.
     43 33 dividende total.

« Mais sur le bénéfice disponible, après le prélèvement de la réserve et du tantième des administrateurs, il n'a été distribué que 20 fr. 42 c. pour compléter un chiffre total de 40 fr. pour l'année, soit plus de 10 pour 100 des fonds versés, ci. . . . .   15.315.000 »
« Le surplus.   2.501.122 93
formant le complément des bénéfices de l'exercice, a été porté au compte de *profits et pertes* de 1862, et ajouté aux bénéfices réservés sur les exercices antérieurs, ce qui élevait le chiffre de ce compte ouvert par la prudence à 9,410,672 fr. 92 c.

« Voici maintenant les modifications à apporter, selon nous, à cette situation :

« Le produit net de l'exploitation comprend les recettes effectuées, tant sur le réseau lombard que sur le réseau autrichien.

« La portion des recettes afférentes à ce dernier réseau s'est élevée en florins au chiffre de 12,396,491 florins 17 c., qui, calculés au cours de convention de 2 fr. 50 c., ont donné en francs une somme de 30.991.227 39

« Mais le cours moyen du florin n'ayant été que de 1 fr. 70 c. pour 1861, les 12,396,491 florins 17 c. n'auraient dû produire que. 21.074.054 98

« Différence à retrancher du produit net.. . . . . . . 9.917.192 95

« La recette véritable, en se transformant en francs à un cours de convention, s'est donc trouvée augmentée de 47 pour 100.

« Nous passerons sur le quantum des frais d'exploitation; nous devons faire cependant quelques réserves en ce qui concerne le chemin de Trieste en particulier pour les erreurs qui auraient pu être commises, attendu qu'il nous paraît difficile d'admettre que les dépenses qui, sous la gestion de l'État, s'élevaient à 71 pour 100, soient tombées si promptement à 35 pour 100 sur une ligne qui traverse le Semmering et le Karst, et dont presque tout le tracé est dans des vallées fort sinueuses. Des résultats de 50 pour 100 nous paraîtraient plus probables ; mais on est en pleine reconstruction sur cette ligne, et tout le matériel a été renouvelé. On a pu ainsi éviter des dépenses de réparation, et réaliser des économies exceptionnelles.

« Il y a un autre chapitre sur lequel nous pourrions demander quelques explications à la Compagnie, c'est celui des intérêts des dépenses faites sur les lignes en construction, lesquelles ont été portées en recettes et ajoutées aux produits de l'exploitation.

« En prenant pour base le tableau de ces dépenses, publié dans le dernier rapport de la Compagnie, le chiffre de ces intérêts nous a paru plus élevé qu'il ne devrait l'être; mais on ne peut tout dire et tout examiner à la fois.

« Bornons-nous donc à la seule rectification des florins.

« Dans ce cas, le produit net, déduction faite des intérêts des emprunts et des actions, qui s'élève à. 19,795,692 14
devrait être diminué de. 9,917,192 95

et se trouverait réduit à. 9,878,499 19

« Ce qui donnerait lieu aux rectifications suivantes, pour :

		au lieu de	
« Les administrateurs et chefs de service.	493,924 95	au lieu de	989,784 60
« La réserve..	493,924 95	—	989,784 60
« Le produit disponible. . .	8,890,640 24	—	17,816,122 93
« Le dividende.	11 85	—	20 42
« La réserve extraordinaire.	zéro	—	2,501,122 93

« Mais cette augmentation arbitraire de 9,917,192 fr. 95 sur les produits nets, obtenue à l'aide de l'élévation conventionnelle du florin au prix de

2 fr. 50, n'est pas la seule que nous ayons à signaler. Nous devons y ajouter celle qui s'est produite sur la réserve du compte *agio*, qui, de 3,112,025 fr. 25 en 1860, a été portée par les mêmes procédés appliqués aux dépenses de la construction, dans le cours de l'année 1861, à 9,199,055 fr., soit une nouvelle augmentation de. 6,087,030 22

qui, réunie à la somme retranchée plus haut des produits portés à l'exploitation. 9,917,192 95
_____

forme pour l'année 1861 un bénéfice total pour le dividende et la réserve de. 16,004,223 37

en sus de celui provenant des produits réels de l'exploitation des lignes concédées à la Société, ou des intérêts prélevés sur les sommes employées à la construction, bénéfice entièrement puisé à la source du capital, comme nous l'avons dit au début.

« On pourrait faire des rectifications analogues sur les exercices antérieurs, mais nous croyons en avoir dit assez, et nous bornerons là nos chiffres pour le moment.

« Telle est l'explication des gros dividendes distribués et des puissantes réserves accumulées.

« Ces résultats sont si extraordinaires qu'ils surprendront, nous n'en doutons pas, la plupart des administrateurs de la Compagnie, comme ils nous ont surpris nous-mêmes ; il nous paraît certain qu'ils doivent les avoir ignorés, et il suffira de les leur signaler pour qu'ils s'empressent d'abandonner un système qui a pu produire de telles anomalies.

« Parmi les journaux qui se sont occupés de cette question lombarde, le *Journal des Chemins de fer*, dans un désir de paix fort louable assurément, mais qui ne doit jamais aller jusqu'au sacrifice de la vérité, a cherché à prendre une position de neutralité, et, pour tout concilier, il a voulu établir que, si la Compagnie des chemins autrichiens n'avait pas fait comme la Compagnie des chemins lombards, c'est que la position des deux Compagnies n'était pas la même, puisque la première ayant à payer en effectif les 200 millions de francs formant le prix d'achat de ces concessions, ne pouvait faire le bénéfice de change dont a pu profiter la Compagnie lombarde. Suivant ce journal, la Compagnie autrichienne I. R. P. a fait ce qu'elle aurait pu et non ce qu'elle aurait voulu ; malheureusement pour ce mode d'argumentation, il n'y a qu'une petite chose oubliée, c'est qu'indépendamment des 200 millions de francs formant le prix des concessions cédées par l'État à la Compagnie autrichienne, cette Société a eu à dépenser une somme à peu près égale pour la construction et l'achèvement de ses lignes, et que par conséquent elle aurait pu parfaitement agir comme la Compagnie lombarde ; si donc elle ne l'a pas fait, c'est qu'elle ne l'a pas voulu.

« Ce journal reconnaîtra, nous n'en doutons pas, une erreur involontaire.

« L'*Industrie*, de son côté, renvoie avec raison à la *Semaine financière* le reproche d'une polémique dont ce dernier journal a toute la responsabilité.

« Puisse cette discussion montrer à tous le danger de ces attaques passionnées sans base comme sans motif légitime! Dans tous les cas, elle aura été un avertissement suffisant, nous l'espérons, pour le journal, qui aura à regretter d'avoir, en cette circonstance, joué le rôle de l'imprudent ami de la fable.

« Quant à nous, nous faisons des vœux sincères pour la prospérité de la Compagnie lombarde, mais nous croyons que le meilleur moyen d'assurer cette prospérité sera de ne plus chercher à tirer d'un sac de blé deux moutures, et de renoncer au système qu'on a témérairement adopté, sans peut-être en avoir calculé toute la portée. »

Nous avons vainement attendu jusqu'à ce jour la réponse de la *Semaine financière*. Peut-être ce journal s'est-il effrayé des proportions inattendues prises par la polémique qu'il a si inconsidérément soulevée? Afin de le mettre plus à l'aise, nous avons, dans un dernier article, restreint la question à un petit nombre de points sur lesquels nous avons cru devoir insister pour obtenir une réponse catégorique. Voici en quels termes, dans le *Journal des Actionnaires* du 19 juillet, nous avons fait un dernier appel à la *Semaine financière* :

QUESTIONS PRÉCISES AU SUJET DES CHEMINS DE FER LOMBARDS

« Nous ne pouvions penser, lorsque nous intervînmes dans le débat soulevé par la *Semaine financière* au sujet des chemins de fer lombards et de leur étrange mode de comptabilité, que nous réduirions au silence nos contradicteurs. C'est triompher trop complétement. Nous avons attendu pendant quinze jours les répliques, les justifications que devaient nécessairement provoquer, selon nous, les articles publiés dans nos numéros des 28 juin et 5 juillet courant. Rien n'est venu; l'ennemi se dérobe, il disparaît. Ce n'est plus une retraite, c'est une déroute.

« Un pareil état de choses serait fâcheux en tout état de cause ; il l'est doublement lorsqu'il s'agit d'une question qui, sous l'apparence d'un problème d'agio, de change, etc., etc., touche à de si délicates susceptibilités. L'honneur des grandes compagnies industrielles est engagé, pour ainsi dire, à ce que la lumière se fasse, aussi éclatante que possible, sur le mode de formation des bénéfices, des réserves, sur l'emploi du capital et l'origine des dividendes.

« Nous ne comprendrions pas qu'après avoir abordé de tels débats, on crût pouvoir s'abstenir d'y prendre part sans conclure pour ou contre. Nous n'avons pas ménagé les éclaircissements, nous avons produit des chiffres d'une précision irréprochable. Nous penchons à croire que nos contradicteurs préparent des arguments décisifs; nous les attendons, et pour faciliter leur tâche, nous croyons utile de résumer notre argumentation en peu de mots. Nous nous bornerons donc à adresser à la *Semaine financière* quatre questions —quatre seulement ! — auxquelles il nous paraît indispensable qu'elle réponde :

« 1° Les dividendes distribués et les réserves accumulées sous divers titres par la Compagnie des chemins lombards proviennent-ils exclusivement des produits de l'exploitation et du placement des fonds disponibles?

« 2° N'est-il pas constant, au contraire, qu'une portion notable des dividendes distribués et des réserves formées pendant les exercices 1859, 1860 et 1861, a été prélevée sur le capital?

« 3° Notamment dans l'exercice 1861, le compte des dividendes et des réserves n'a-t-il pas été augmenté au moyen d'un prélèvement sur le capital d'une somme de 16 millions environ?

« 4° Enfin, n'a-t-il pas été prélevé, pour être employées en dividendes et en réserves, des sommes importantes, et ce jusqu'à concurrence de 22,815,283 fr. 10 c. sur la partie du capital non réalisé représentant la portion non payée du prix d'achat du chemin de Trieste?

« Est-ce clair? Nous avons lieu d'espérer que notre confrère trouvera ces questions nettes et catégoriques. Nous croyons qu'il est de sa dignité d'y répondre et que la dignité de la presse y est elle-même intéressée. Quand on a soulevé de pareils débats, quand on y a loyalement convié ses confrères, il ne suffit pas de se soustraire par le silence aux difficultés de la discussion. Il faut, si l'on s'est trompé, avoir le courage de le reconnaître et blâmer ce qui est blâmable. La *Semaine financière* avait parlé de « ruses, de témérités, de « spéculations, » nous croyons l'avoir mise en mesure de se prononcer; elle peut maintenant savoir et dire de quel côté se trouvent les spéculations, les témérités, les ruses qu'elle a flétries. »

Et maintenant le public est saisi; nous avons mis sous ses yeux tous les éléments du procès; c'est à lui de prononcer en dernier ressort. Pour nous, nous avons conscience d'avoir rempli un sérieux devoir.

PARIS. — IMP. SIMON RAÇON ET COMP., RUE D'ERFURTH, 1.